梅本清作著

ナシ黒星病

おもしろ生態とかしこい防ぎ方

農文協

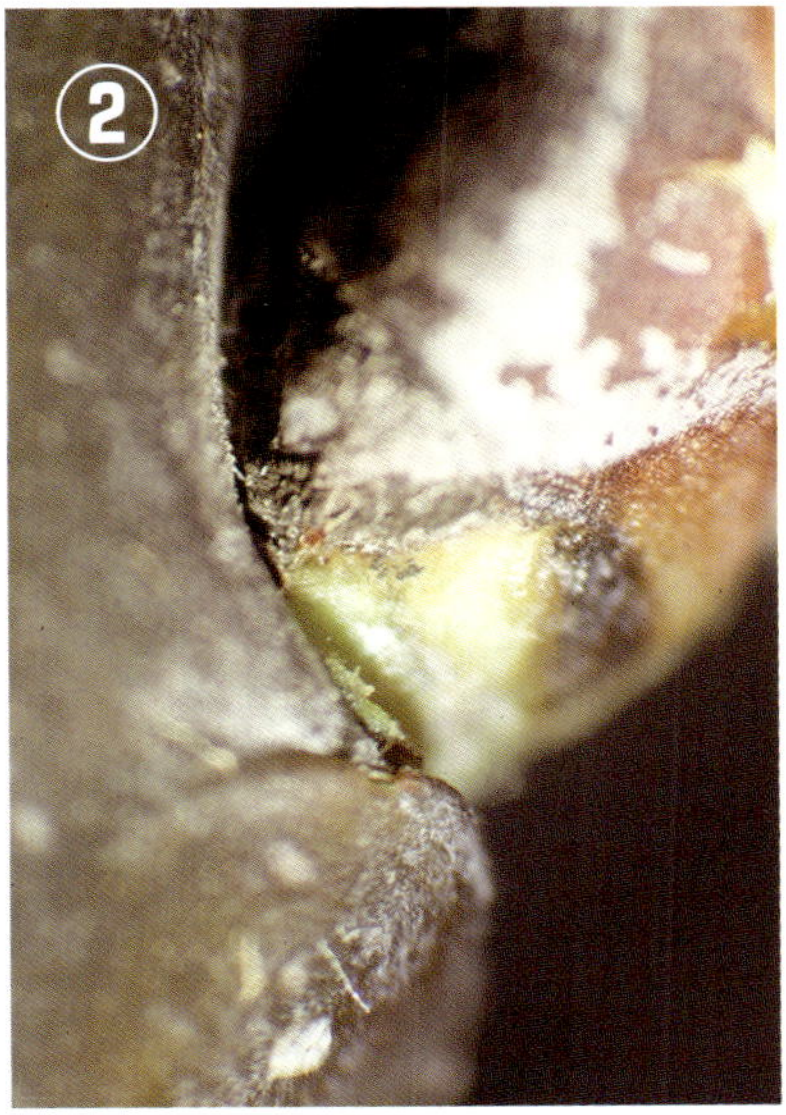

黒星病の被害の特徴

上：罹病落葉。葉裏に発生し，周囲より黒ずんで見える「秋型病斑」，下右：発病初期の芽鱗片病斑。なかなか発見は困難，下左：幸水果実の黒星病。幸水では幼果期以降も発生しやすい

完全世代（第１次伝染源）

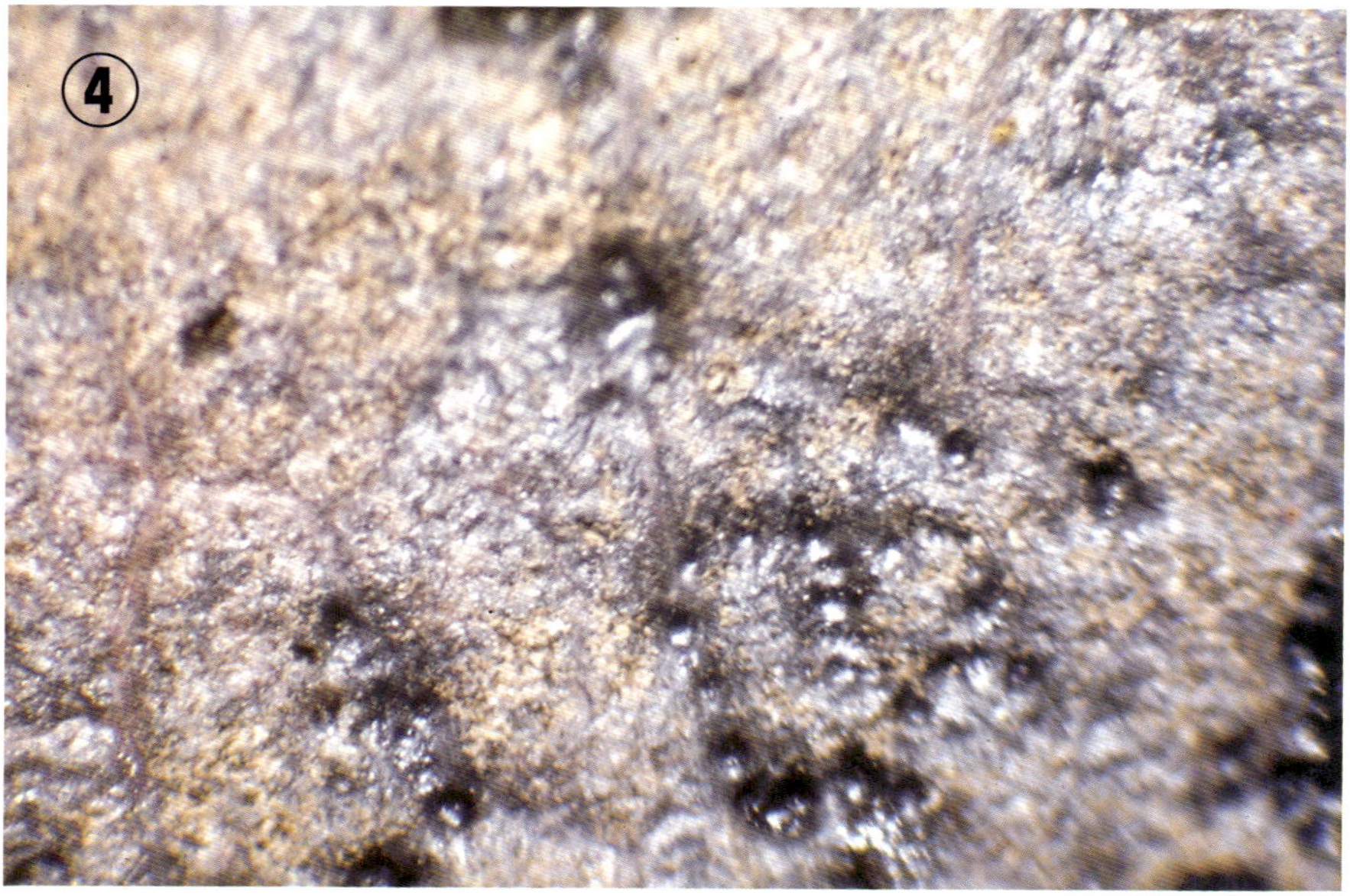

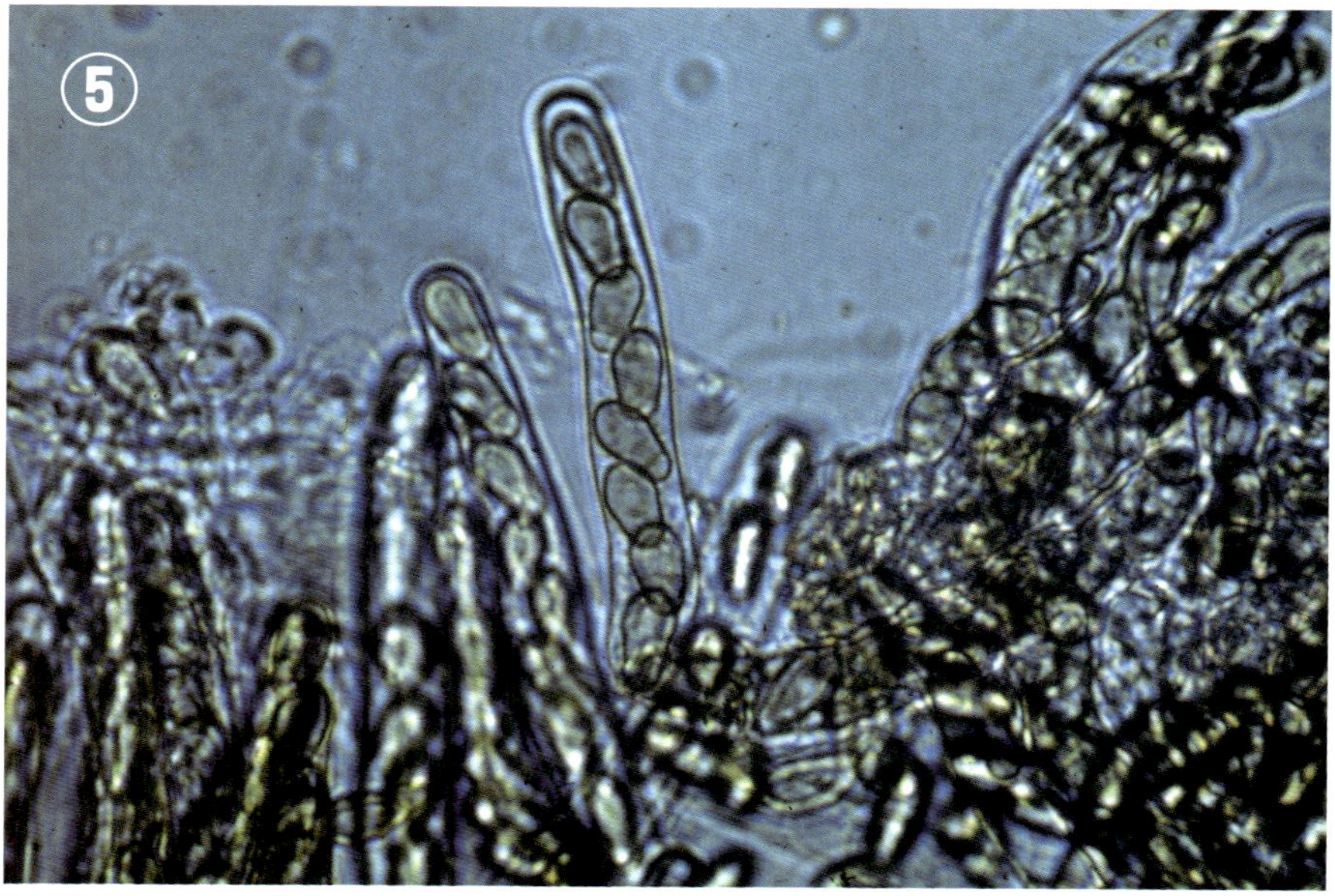

上：黒星病菌の繁殖器官の偽子のう殻。下：子のうと子のう胞子
秋型病斑のある葉１枚には，数十個の偽子のう殻が形成され，一つの偽子のう殻内には約640個の子のう胞子が形成される。園全体ではおびただしい数になる

不完全世代（第1次，第2次伝染源）

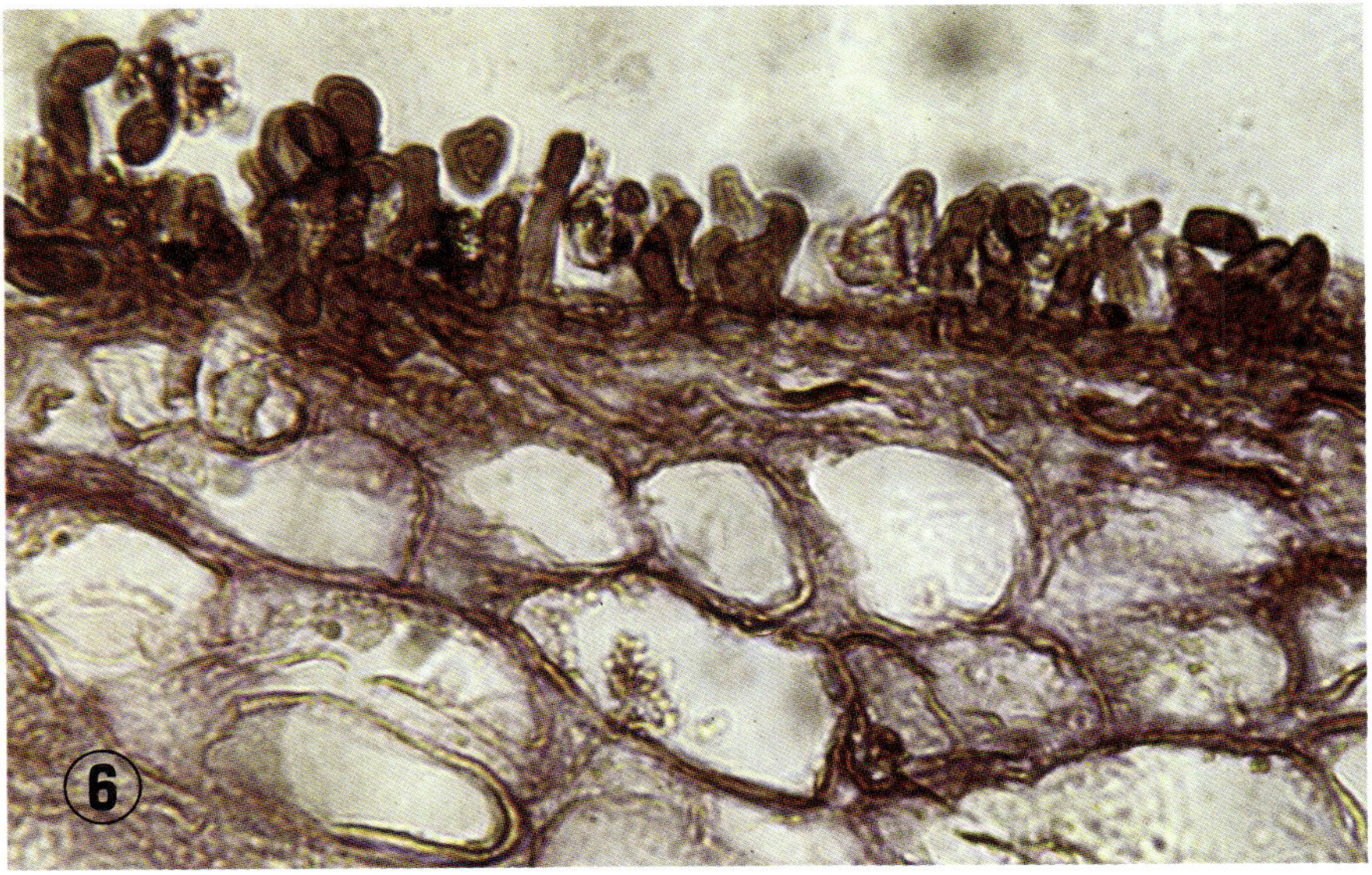

葉表皮部に分生子柄を出し，つくられる分生胞子。これが春型病斑になる

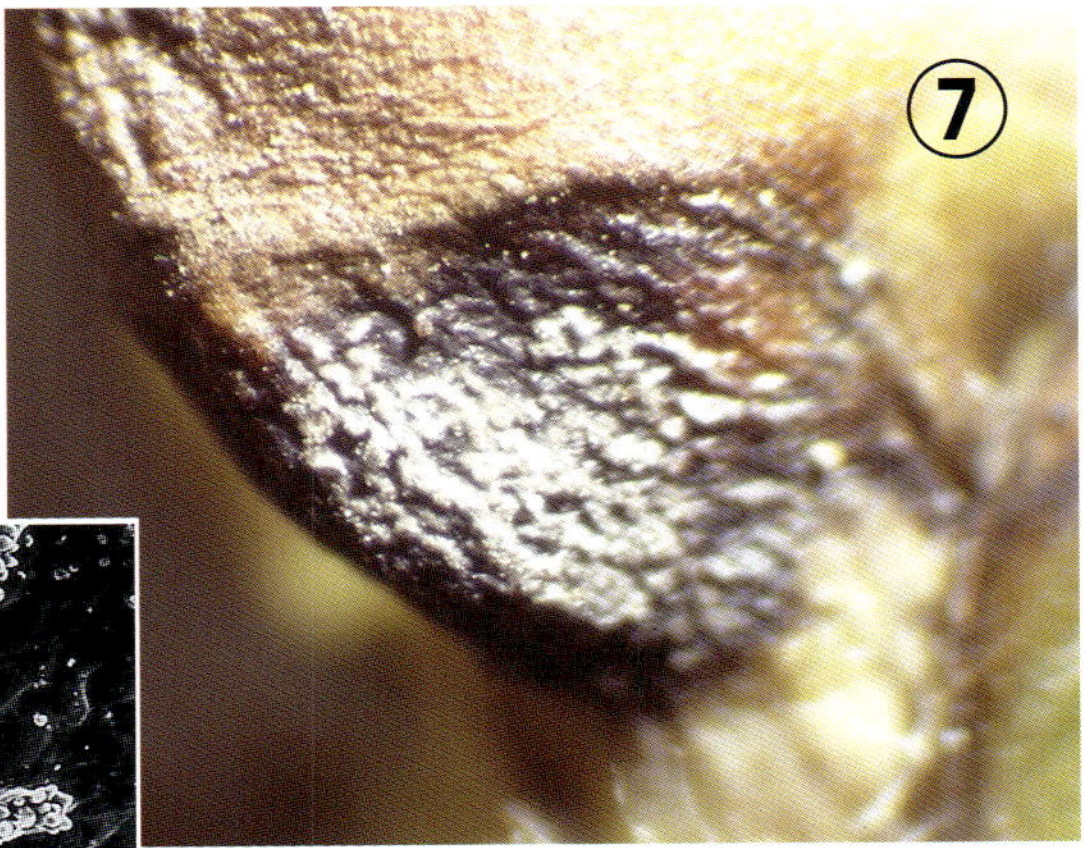

発病芽鱗片でも分生胞子はつくられる

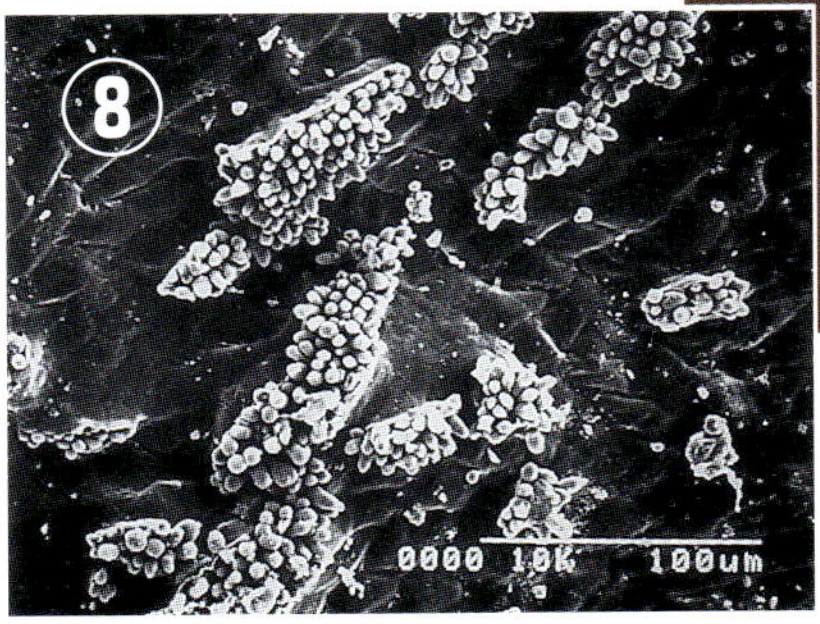

鱗片発病の電子顕微鏡写真

9時間の濡れ時間で…

分生胞子を雨のたびに飛散させ伝染源として厄介な芽基部病斑。感染は，黒星病菌が雨水などで枝を伝わり，腋花芽鱗片の生組織部分（上写真矢印）に到達，湿った状態が9時間以上続くことで成立し（下写真），発病する。防ぐには，感染時期である秋の防除が欠かせない

まえがき

赤星病、黒星病そして黒斑病が地上部に発生するナシの三大病害と呼ばれた時代が久しくありました。その後、赤星病は特効薬のステロール脱メチル化阻害剤（ＤＭＩ剤）の実用化によって黒星病との同時防除が可能となりました。黒斑病については、ガンマー（γ）線の照射で耐病性品種のゴールド二十世紀が育成され、この品種の普及に伴って防除は容易になりつつあります。しかし、黒星病は、効果の高いＤＭＩ剤の実用化などはあったものの、その防除が容易になったという感覚はほとんどありません。

日本におけるナシ黒星病の研究の歴史は長く、間もなく一二〇年に達しようとしています。この間、大学、国、都道府県の研究者がどれほど多く黒星病防除の研究をしてきたのか、想像すらつきません。その成果もよほどのものと思いますが、いま述べたとおり黒星病の防除が容易になったとは決して言えません。

なるほど、黒星病菌はとてもしたたかです。ポイントを外した防除をしたり、その年の気象が黒星病の発生に適すると、たちまち大発生してしまいます。また、現在のナシの主要品種である幸水や豊水は黒星病がとても発生しやすい、いわゆる感受性の高い品種なのも厄介なことです。昨年（二〇一二年）も、開花期前後が低温で降雨日が比較的多かったため大発生し、多数の県の病害虫防除所から発生予察注意報が出されました。

孫子の兵法の一つに、「彼を知り己を知れば、百戦しても危うからず」とあります。黒星病の防除においても真にこの言葉が当てはまると日頃から思っています。つまり、黒星病菌と黒星病の防除法をよく知り、自分の防除法の問題点を十分理解したならば、黒星病の防除は容易になるはずです。

本書では、そのような考え方に基づき、黒星病と長年関わってきた中で得た成果を中心に黒星病防除の真髄に迫ろうとするものです。

ここに著したことが、全国のナシ農家、指導者、またナシ黒星病と兄弟の黒星病が発生するリンゴやセイヨウナシ農家の方にも役立てていただければ望外の喜びです。

二〇一三年三月

著　者

目　次

第Ⅱ章 黒星病菌、その強さと弱点――発生生態から探る

目次

第Ⅲ章 こうして防ぐ黒星病

目次

目次

黒星病防除、13の確認！――本書を読む前に

1 一〇日間隔の定期散布だから防除は万全？

黒星病の防除は確かにやっかいです。そのため、多くの栽培者は各都道府県が発行している防除暦にしたがい、ほぼ一〇日間隔の定期散布をしているのが実状です。しかし、黒星病の薬剤防除ではメリハリを効かせた防除が必要です。それを外すと、せっかくの防除作業も、あまり効果的ではなくなります。皆さんはその防除のポイントをつかんでおられますか。

2 黒星病菌はどこからやってきて発病させるのでしょうか？

病気防除のもっとも基本的なことは、伝染源はどこか（病原菌はどこに潜んでいるか）を知ること、伝染源を断つこと、伝染源からの伝染時期をしっかり理解して防除を行なうことです。このことをしっかり把握してふだん防除しておられますか。

3 開花直後から摘果終了後頃までの幼果は、品種を問わず黒星病に罹りやすいことを知っておられますか？

なぜ黒星病がほとんど発生しない王秋や新高も含め、幼果は黒星病に罹りやすいのでしょうか。ご存知ですか。

4 幸水の果実は収穫期に近くなってからふたたび黒星病に罹りやすくなる、このことを知っておられますか？

ナシの果実は開花から三〇日後頃までの幼果期は、品種を問わずに黒星病に罹りやすい、すなわち感受性が高

いのですが、幸水以外の品種はこの時期を過ぎると収穫期まで黒星病にはきわめて罹りにくくなります。ところが、幸水の果実は特異的に収穫期に近づくとふたたび黒星病に罹りやすくなります。なぜでしょうか、また、その防除方法を知ってますか。

黒星病の防除は難しい

5 薬剤耐性菌をださない殺菌剤の使い方を意識していますか？

薬剤耐性菌、すなわちある殺菌剤を散布しても黒星病菌に効果がなくなることは防除上大変困った問題です。このことを知っておられますか、また、その対策についても知っておられますか。

6 展着剤加用による防除効果の向上を信じますか？

あなたは展着剤崇拝派ですか、それとも無視派ですか。黒星病の防除においては、展着剤の加用はほとんど意味がないとする試験結果が出ているのを知っておられますか。

7 殺菌剤同士の混用でその効果が変化することを知っておられますか?

ナシの病害防除ではしばしば殺菌剤同士を混用することがありますが、その場合、殺菌剤の効果が低下することを知っておられますか。

8 また、スピードスプレーヤの散布方法により防除効果が変わることを知っておられますか?

スピードスプレーヤ(SS)による散布では、毎列散布と一列おき散布で防除効果に違いがあることを知っておられますか。

9 あなたの樹はいま、枝が込み合っていませんか?

ナシの剪定で、結果枝の間隔として四〇cmは必要であることは理解していて、そのように切っているつもりでも、枝が伸長するにつれて園内はどんどん暗くなっていきます。そうした剪定結果と黒星病の発生との間には密接な関係にあるのを知っておられますか。

10 チッソ肥料をやり過ぎていませんか?

チッソ肥料は栽培者にとって魔法の玉手箱のように思っていませんか。チッソ肥料を多く施しておけば大きな果実がたくさんできると信じていませんか。黒星病はチッソ肥料を多く与えると発生が激しくなることを知っておられますか。

11 春先園内の雑草の発生が気になりますか?

開花期から摘果終了後頃までの下草は気になりますか。実は、この時期の雑草は、黒星病や疫病防除のために活躍してくれているのです。このことを理解しておられますか。

12 交配期間中は無防除ですか？

交配期間中の天候は気になりますね。天候がよくて栽培している各品種の花が咲き揃ってくれると一安心ですが、年によっては長雨が降り、気温は低く、開花期間が長引くということもあります。このような年の黒星病防除はどのようにしたらよいか、ご存知ですか。

13 黒星病菌は葉に侵入してから何日後に発病してくるのか知っておられますか？

葉が展葉してからの日数によって、菌が侵入してから発病するまでの期間（正式には潜伏期間といいます）は大きく変化します。つまり若い葉では短く、老化するにつれて長くなります。これらのこと知っておられますか。

本書では、以上のような黒星防除のポイントを、主人公である黒星病菌の「おもしろ生態」の理解とともに明らかにしていきます。本書を読むことで黒星病の「かしこい防ぎ方」の達人になっていただければと思います。

第Ⅰ章

黒星病とは

1

古くて新しい病害
――ナシとは長～い付き合い

1 一二〇年前から悩まされてきた病気

日本でのナシ黒星病の研究は約一二〇年前から始まっています。そして、現在も重要な研究テーマであり、毎年のように黒星病の発生による被害が問題となっています。このことは、当時から黒星病の発生に生産者は悩まされていたことを物語っています（図1－1）。

2 新しい伝染経路の発見

各都道府県にある病害虫防除所の重要な業務に発生予察事業があります。これは、主要作物の過去の病害虫の発生調査結果とその年の病害虫の発生程度や気象などの推移をもとに、今後の病害虫の発生状況を予測する仕事です。昭和四十年代に入って、果樹病害虫もこの仕事の対象に加えられました。その中で、ナシ黒星病について得られた輝かしい調査・研究の成果があります。

新梢にできる花芽を腋花芽というのはご存知だと思います。その芽鱗片に黒星病菌が秋に感染、晩冬から発病し、病斑上につくられた胞子が第一次伝染源になる新しい伝染経路が発見されたのです（写真1－1、口絵⑦参照）。この胞子は分生胞子で、菌糸の先端に無性的につくられます。

この伝染経路の発見以前は、同属の病原菌であるリンゴやセイヨウナシ黒星病菌における諸外国の研究成果から、罹病落葉上に形成された子のう胞子（囲み参照、18ページ）が第一次伝染源とされていました。しかしこの発見により、ナシ黒星病の防除体系は第一次伝染源として芽鱗片病斑を重視するように大きく変わり、昭和年代の終わり頃までこの状態が続きました。

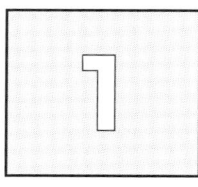

3 やっぱり罹病落葉ルートは重要

芽鱗片病斑が第一次伝染源として発見されて以降あまり重視されていなかった罹病落葉からの伝染経路でしたが、では本当に重要ではなかったのでしょうか？　これは黒星病の防除においてとても重要な問題点となっていました。

そこで、第一次伝染源として芽鱗片病斑と罹病落葉の両方、罹病落葉だけ、芽鱗片病斑だけの試験区をつくり、発病状況を調査しました。

その結果、もっとも発病が多かったのは芽鱗片病斑と罹病落葉の両方を伝染源とした試験区で、次に多かったのは罹病落葉だけを伝染源とした試験区であり、芽鱗片病斑だけを伝染源とした試験区の発病程度は前二つの試験区に比べるとはるかに軽いものでした。

このことから、黒星病の第一次伝染源として、罹病落葉は非常に重要な役割

今も黒星病には本当に困っています
昔は黒星病に困っていた…

図1−1　黒星病防除の難しさはいつも同じ

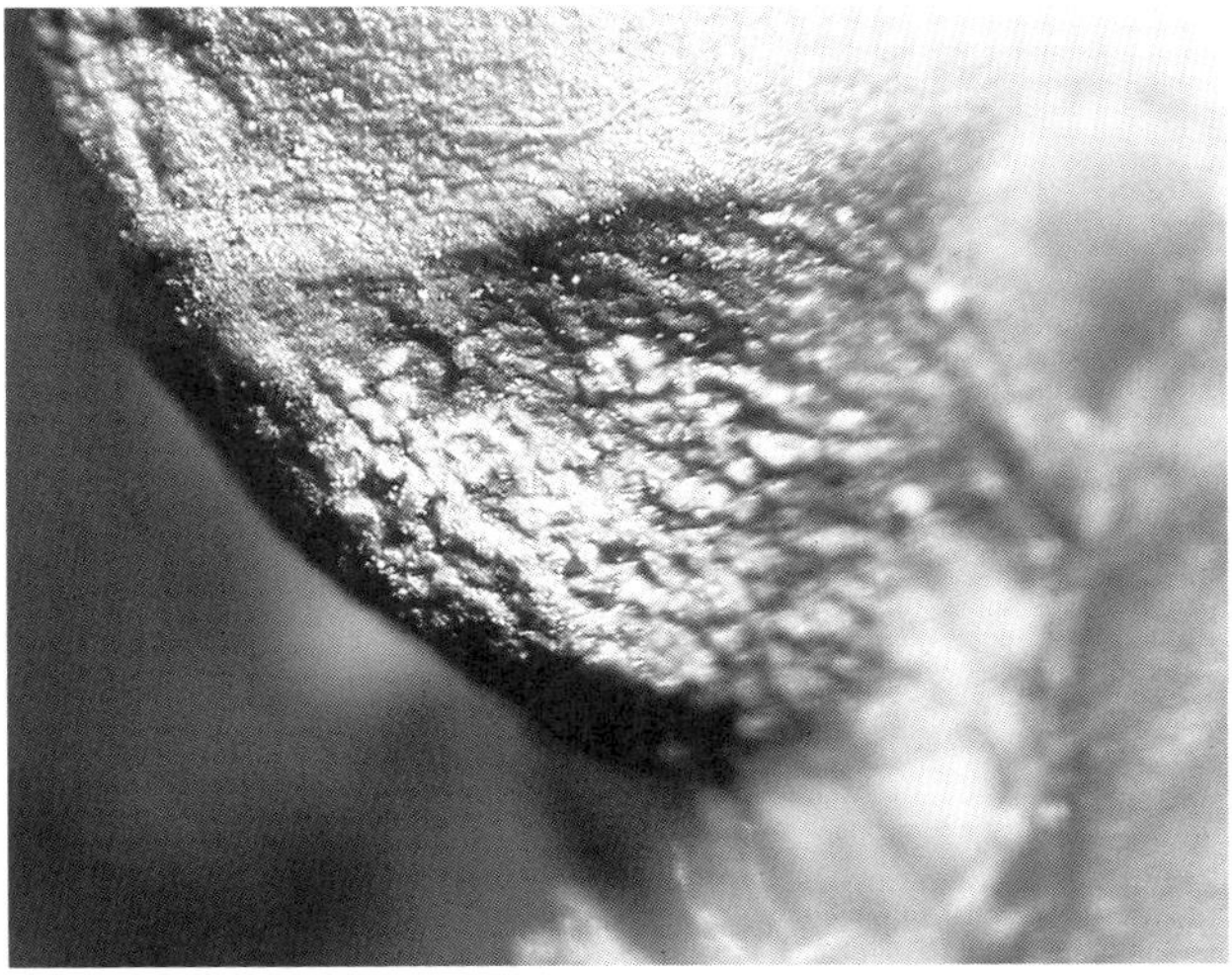

写真1−1　鱗片発病の初期病徴
もう一つの第一次伝染源として，昭和の終わり頃まで重視された

をしていることが改めて確認されたのです。

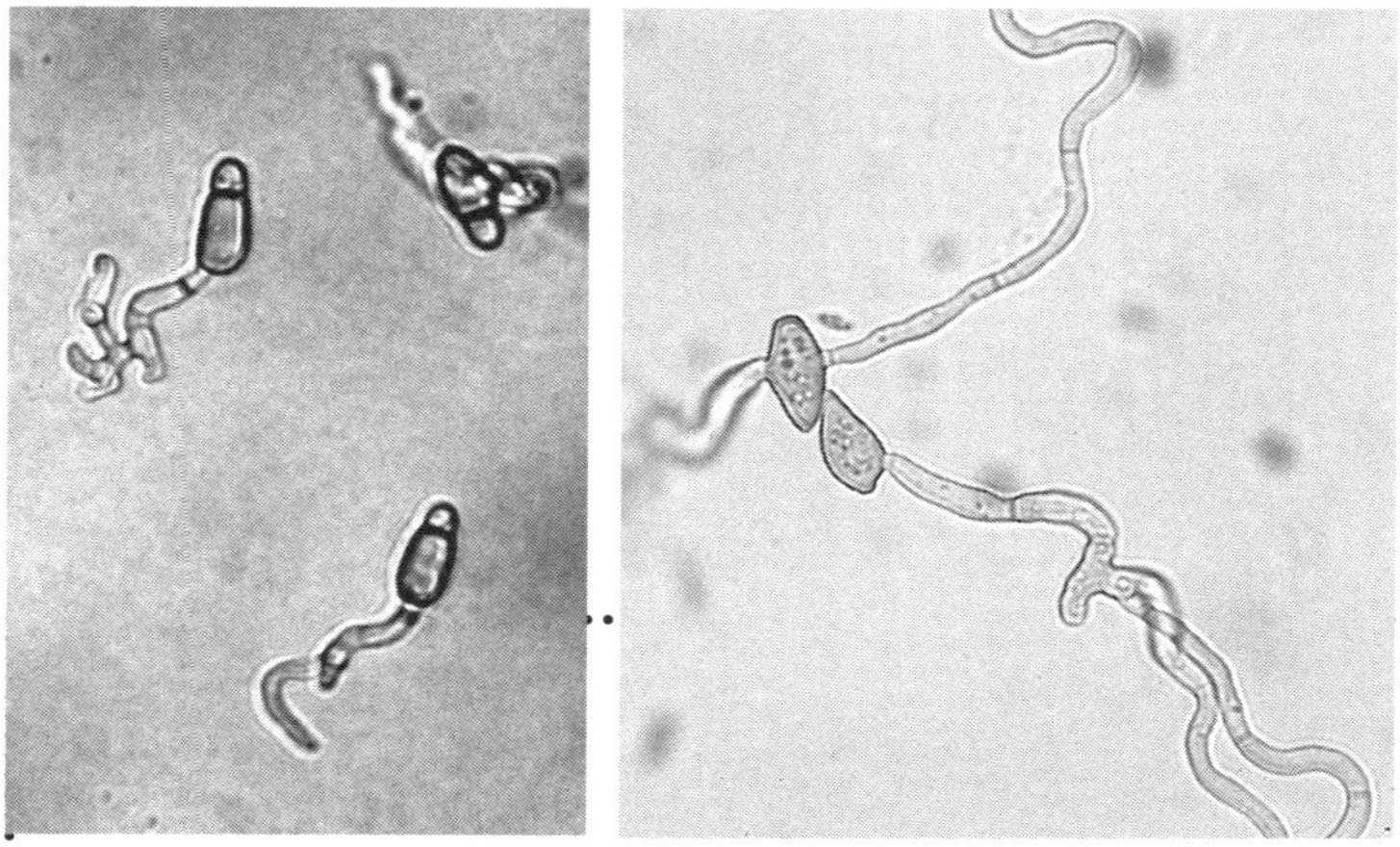

写真1-2　分生胞子(右)と子のう胞子

〈分生胞子と子のう胞子、子のう殻と偽子のう殻〉

以下、本文にたびたび出てくる用語について、整理しておこう。

分生胞子　菌糸の先端に分生子柄と呼ばれている器官ができ、その先端部でつくられる胞子のこと。第一次伝染で生じた病斑上につくられる胞子はすべて分生胞子（写真1－2右）で、その数は膨大である。黒星病の第二次伝染は、この胞子の飛散によって行なわれる。「分生子」といわれることもある。

子のう胞子　黒星病菌には「－（マイナス）」の性質をもつ菌（仮に♀）と、「＋（プラス）」の性質をもつ菌（仮に♂）がある。子のう胞子は、落葉中でこれらの菌が接合（いわば結婚）することでつくられる。結婚後、一月下旬から、まず偽子のう殻と呼ばれる（球状の）器官がつくられ、次いでその中に子のうができ、この子のうの中に子のう胞子が形成される（写真1－2左と口絵⑤参照）。

分生胞子と異なり、子のう胞子の形成は年に一度で、一過性だが、菌糸同士の〝結婚〟の結果生ずるので遺伝的に多様性に富む。黒星病菌として見た場合、いろいろな環境に適応する能力を有している。

子のう殻と偽子のう殻　両者は外見上まったく見分けがつかないが、成り立ちには大きな違いがある。子のう殻は菌糸同士の結婚（接合）ののち形成されるのに対し、偽子のう殻のほうは、結婚前の菌糸でつくられる。

2 黒星病菌のプロフィールとその仲間

1 ナシ黒星病菌とは

ニホンナシ黒星病菌（*Venturia nashicola* ベンチュリア・ナシコーラ）は、子のう菌類に属し、ほかにうどんこ病菌や輪紋病菌も類縁種です。

子のう菌類は病原糸状菌類の中で大きな比率を占めていますが、その特徴は菌糸同士の〝結婚〟によって完全世代をつくること。いわゆる子のう胞子です。まず、子のう殻（偽子のう殻の場合もある）という繁殖器官で子のうを形成し、その中で子のう胞子をつくります。その数は通常、一子のう当たり八個、中には一個しかつくらない菌もあるのですが、黒星病菌は八個です。

この完全世代である子のう胞子と菌糸先端でつくられる分生胞子（不完全世代）が、それぞれ罹病落葉からと腋花芽の発病芽鱗片から第一次伝染し、アジアナシ（ニホンナシやチュウゴクナシ）に黒星病を発生させます。

2 セイヨウナシ黒星病菌とは

セイヨウナシ黒星病は、病原菌は*Venturia pirina*（ベンチュリア・ピリナ）です。昭和五十年代にドイツで発行された*Venturia*属菌の分類に関する本では、ニホンナシ黒星病菌とセイヨウナシ黒星病菌はいずれもベンチュリア・ピリナとされ、ここではニホンナシの菌はセイヨウナシ菌の異名同種とされていました。

ニホンナシ黒星病菌がはっきりとした市民権を得たのはまだごく最近のことで、明確な論文は二〇〇〇（平成十二）年になってからです。日本人の研究発表すなわち論文がほとんど英語で書かれず、海外の研究者の目にニホンナシ黒星病に関する研究成果があまり触れることがなかったことが、その理由だと考えています。

3 リンゴ黒星病菌とは

リンゴ黒星病菌についてはどうでしょうか。リンゴ黒星病菌の学名は*Venturia inaequalis*（ベンチュリア・イナキュアーリス）です。ニホンナシ黒星病菌と比較すると、子のう胞子の形態が異なるので、容易に区別できます。日本でリンゴ黒星病の発生が問題となり始めたのはそれほど古いことではなくて、昭和二十九年に北海道で発生が初めて確認され、本州へ伝搬したのは昭和四十三年でした。発生初期には国主導で撲滅運動も実施されましたが撲滅できず、現在に至っています。

3 三種の黒星病菌の防除では

1 ベンチュリア属の特徴

ニホンナシ、セイヨウナシそしてリンゴの黒星病菌はいずれも子のう菌類の中のベンチュリア属に分類されます。病気の防除でその病原菌がどのような菌の仲間であるかを知ることはとても重要です。なぜなら、同じ属、この場合ベンチュリアに属する菌には共通性が高いためです。つまり、その病気の伝染方法も非常に似ている場合が多いし、防除に使う殺菌剤でも効果の高い薬剤はほぼ共通しています（表1―1）。

ベンチュリア属菌は完全世代が落葉の裏面上につくられ、低温（一五～二〇℃）を好むこと、そして落葉時期を除く全生育期間で発病するなどの特徴があります。

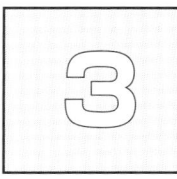

2 伝染経路

ニホンナシ、セイヨウナシおよび

表1−1　三種黒星病菌のおもな伝染源と効果の高い殺菌剤

病原菌の種類	おもな伝染源	その他の伝染源	効果の高い殺菌剤	補完的予防剤
ナシ黒星病菌	罹病落葉	発病芽鱗片	DMI剤，QoI剤	有機硫黄系薬剤，ベルクートフロアブルなど
セイヨウナシ黒星病菌	罹病落葉	枝病斑	DMI剤	ジマンダイセン水和剤など
リンゴ黒星病菌	罹病落葉	枝病斑，発病芽鱗片	DMI剤，QoI剤	有機硫黄系薬剤，有機銅水和剤

注　DMI剤（ステロール脱メチル化阻害剤），QoI剤（ストロビルリン系薬剤）
　ニホンナシ黒星病に対しQoI剤も効果は高いが，DMI剤に比べると劣る。QoI剤はできれば輪紋病防除にだけ使いたい

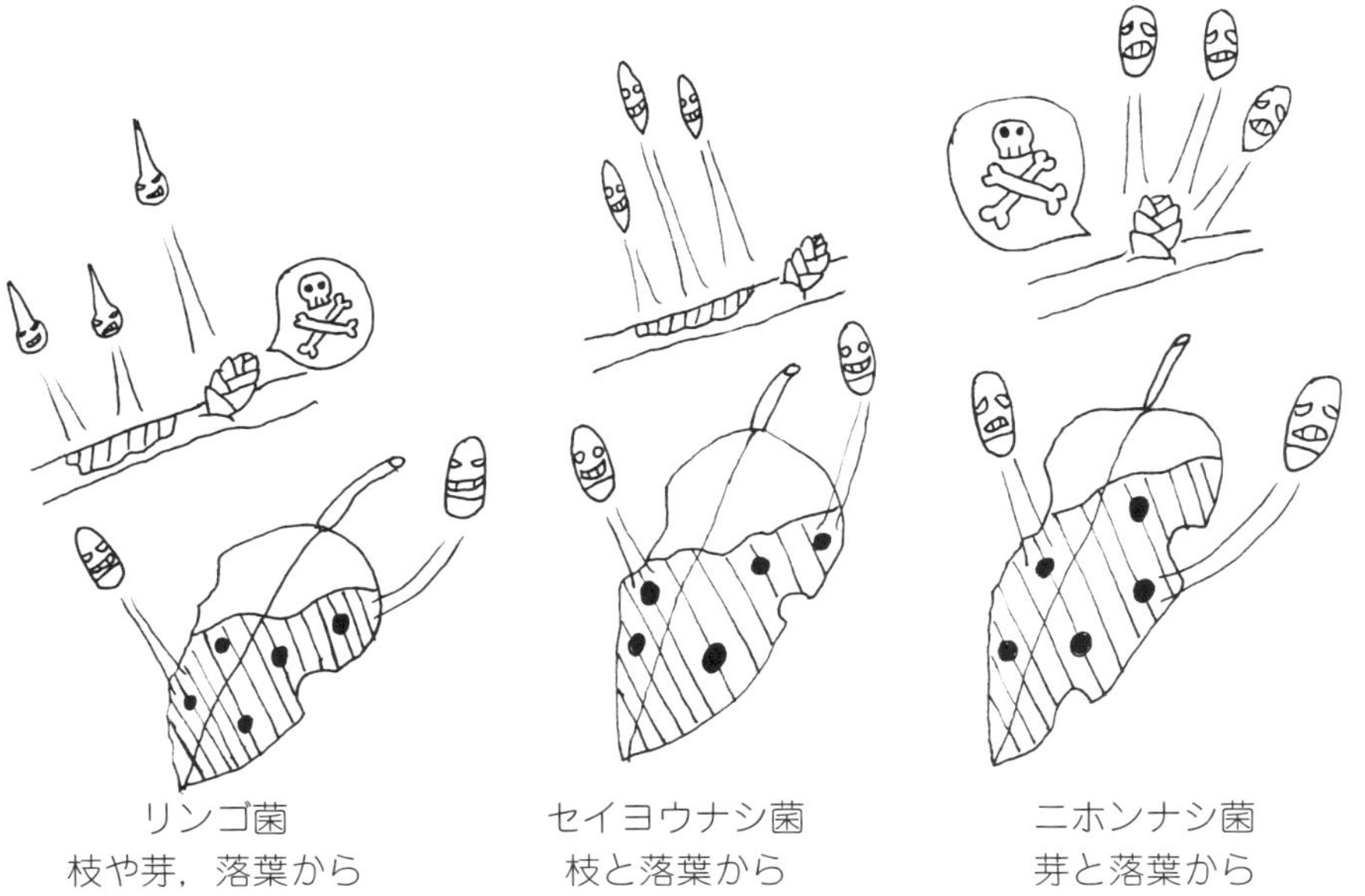

図1-2　三種黒星病菌の第一次伝染源

リンゴ黒星病菌とも、春先に罹病落葉が第一次伝染源となり、そこにつくられた子のう胞子の飛散によって伝染は起こります。それに加えて、先ほども述べたようにニホンナシ菌は腋花芽の芽鱗片に秋に感染して越冬し、晩冬からそこで発病し、分生胞子をつくって第一次伝染源となる伝染経路も重視されています。

　セイヨウナシでは枝の越冬病斑上に分生胞子がつくられ、それが飛散して伝染する経路も重視されています。リンゴでは、枝の越冬病斑や芽鱗片病斑上に新たに形成された分生胞子も第一次伝染源となることが知られています（図1-2）。

3 薬剤防除

　薬剤防除では、ニホンナシ黒星病防除の特効薬はステロール脱メチル化阻害剤（以降、略してDMI剤と表記）です。DMI剤が特効薬であることはリンゴ黒星病やセイヨウナシ黒星病の防除においても共通しています。詳しくは第Ⅲ章4の「薬剤防除」の項（80ページ）で紹介します。

4 被害とその特徴

1 芽鱗片発病の発見は難しい

黒星病菌は腋花芽の鱗片に秋に感染し、その状態で越冬します。なお、鹿児島県では晩秋から発病するとの報告もあります。

発病初期の芽鱗片病斑は灰色がかっていて、おそらくこれが黒星病の病斑と気がつく人はほとんどいないと思います（口絵②、⑦参照）。芽鱗片に発病した菌は、そこに胞子をつくり始めるとともに鱗片の基部に向かって病斑を拡大し、開花一〇日前頃には鱗片の基部に達し、芽基部病斑となります。

この芽基部病斑の鱗片は鱗片脱落期を過ぎても枯死したままくっついているので、発見は容易になります。したがって、芽基部に黒星病が発生しているか否かを見つけるには、枯死した鱗片が付着しているかどうかが重要な目印になります（写真1－3）。この病斑上の胞子は分生胞子で、その飛散開始は開花直前頃からです。

2 幼果で発生しやすい

黒星病は幼果時には容易に発生します。容易という意味は、圃場でほとんどか、もしくはまったく発病が見つからない二十世紀、新高、それに王秋といった品種にも発生することがあるためです。それくらい幼果ではふつうに発生します。

幼果では、初め淡緑色のぼんやりした、やや小さくて斑点ともいえない病斑が生じます。その後、周り一面がまるで煤（すす）をまぶしたように灰黒色に変わるのですが、これらはほぼすべて分生胞子です。新高や豊水など品種によっては、病斑部分が浅く凹む場合もあります。開花盛期が四月十五～二十日頃とすると、幼果が黒星病菌に侵されやすいのは五月十五日頃までです（写真1－4）。

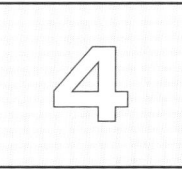

3 幼果期以降は幸水でとくに侵されやすい

幼果期には黒星病に非常に侵されやすかった果実が、五月下旬に向かって徐々に侵されにくくなります。この現象はいずれの品種にも共通しますが、それ以降では極端な違いが生じます。現在の主要品種では幸水だけが六月中旬からふたたび徐々に黒星病菌に侵されやすくなり、七月上～中旬にその最盛期を迎えます。つまり、幸水を栽培している場合は、果実の肥大後期の黒星病防除が非常に重要になります。

この時期の果実の黒星病は、果実表面に最初淡黄緑色の淡くぼんやりしたやや大きめの斑点が生じます。やがてこの部分は薄く煤をまぶしたようになります。この灰黒色のものは、ほぼす

写真1–3　芽基部に付着した枯死鱗片は黒星病発生の重要な目印

写真1–4　黒星病は幼果には発生しやすい

べて分生胞子で、この病斑部分の果実の肥大が抑えられるため、いびつな形になりやすいです。また、六月下旬〜七月上旬に発病すると、病斑部分を起点に裂果が高率に発生します（写真2−12参照、65ページ）。

4 葉には二タイプの病斑

葉には私たちが「春型病斑」と「秋型病斑」と呼ぶ、二種類の病斑が発生します。

●春型病斑は葉柄、そして葉脈、葉肉へ

「春型病斑」は葉に発生すると、まず葉柄が侵されやすく、侵された葉柄は一部が黒くなり、ときにはその部分は細くなります。病斑上には煤のようなものが見えますが、これらはすべて分生胞子です。葉柄に発病すると落葉の主原因となります。

葉柄以外に発生しやすいのは葉の中心脈（中肋（ちゅうろく）ともいいます）で、多くは葉裏に発生しますが、葉表にもしばしば発生します。ここに発生した病斑もやはり黒く、そして煤をまぶしたように見えますが、これらは主に分生胞子です。

また、いわゆる葉の部分である葉肉部に発生すると、初めは淡黄色の薄ぼんやりとした円形に近い病斑として現われ、その後、その部分は薄く煤をまぶしたようになります。この煤状のものはやはり分生胞子です。やがて病斑部分は枯死して褐色になります（写真1−5）。

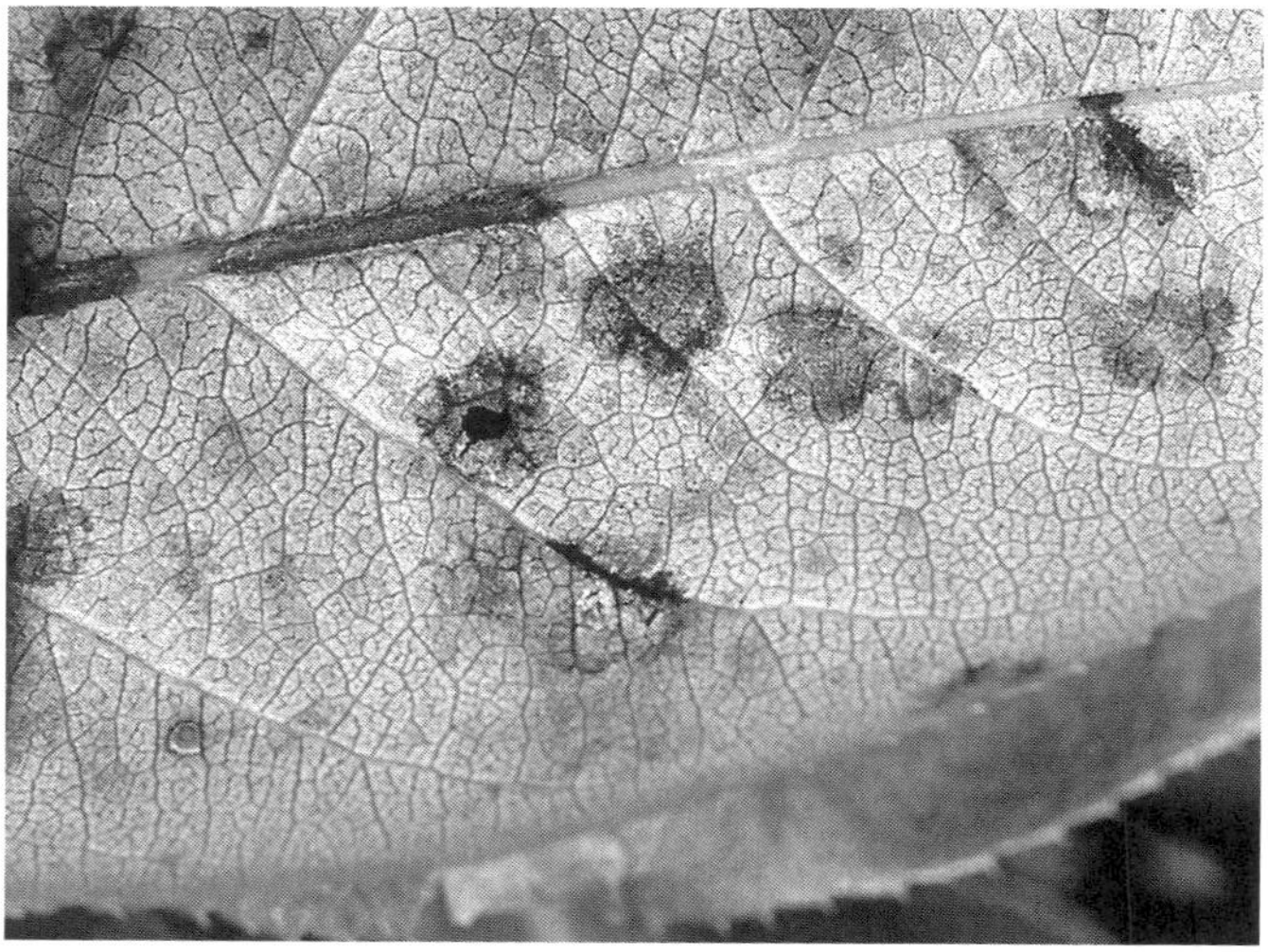

写真1−5　薄く煤をまぶしたような葉の病斑

●新しい葉ほど早く、激しく発生

春型病斑の発生では、葉の古さ（エイジング）は黒星病菌が侵入してから発病するまでの期間（潜伏期間）と発

病程度に大きく影響します。

展葉間もない若い葉での潜伏期間は七～一〇日ですが、葉が古くなるとこの期間は長くなり、展葉後三週間もたった葉では潜伏期間は約二〇日間となります。さらに古くなった葉が感染した場合、潜伏期間は三五日程度にもなります。

また、発病程度も大きく変化します。若い葉では大きくまた多数の病斑が発生しますが、古い葉では発生しても病斑は小さく、また病斑数も少なくなります。さらに古くなると、黒星病菌は容易には感染できなくなり、仮に感染すると次に紹介する「秋型病斑」となります。

●古い硬い葉に発生する秋型病斑

黒星病には「秋型病斑」と呼んでいる病斑も葉に発生します。この病斑の出現は、試験的に無防除にした場合は八月中旬以降に、管理された一般のナシ園では十月上旬から見かけるようになります。

秋型病斑は葉裏に発生し、その部分は周りよりやや色が黒ずんで見えます(口絵①参照)。したがって、見慣れない人には秋型病斑と気がつかないのではないかと心配に思うほどです。走査型電子顕微鏡で秋型病斑部分を観察すると、気孔という自然開口部分だけから菌糸が伸び出し(これは分生子柄という胞子をつくる器官、写真1-6)、その先に胞子を形成しているために、黒く薄汚れたように見えるわけです。つまり、白い紙に鉛筆の先で細かい点を多数打っておいて、それをやや離れて見ると灰色に見えるのと同じです。

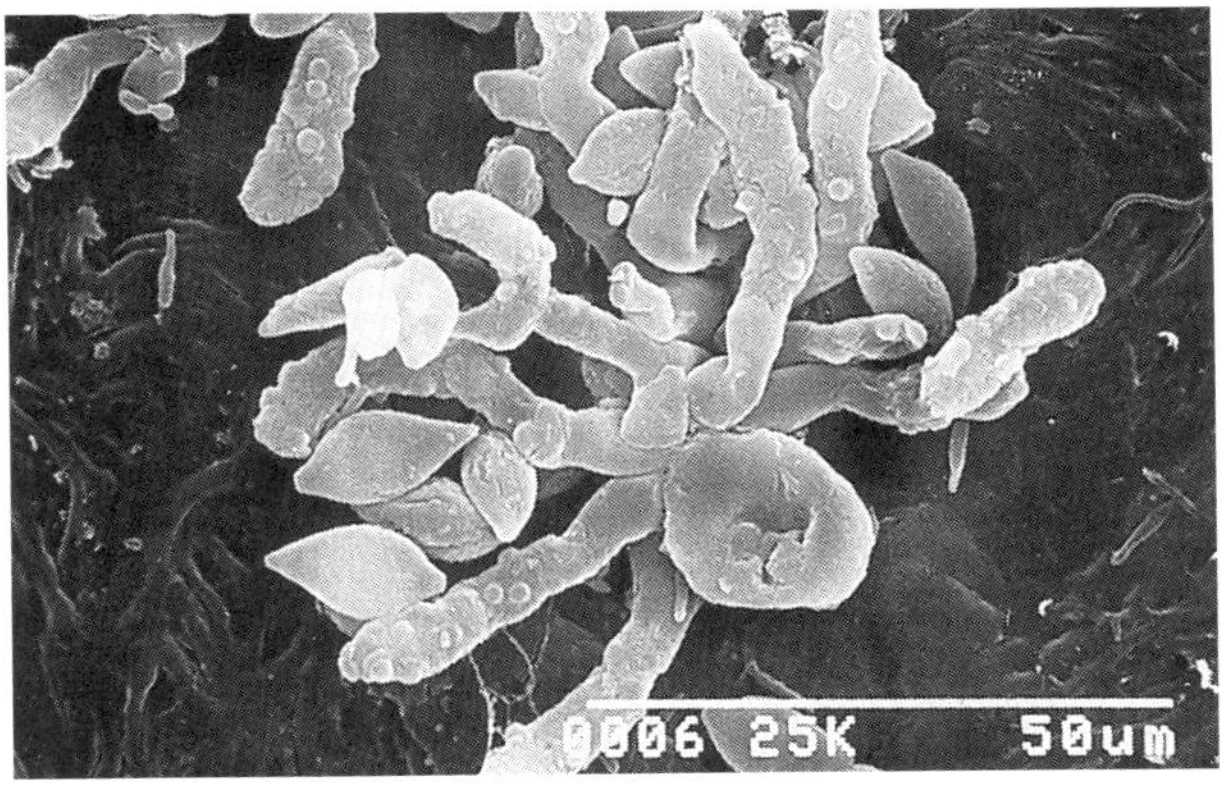

写真1-6　気孔から発生している分生子柄

なぜ自然開口部からしか菌が外に出られないかというと、クチクラという葉の表面にある組織が夏以降とても硬くなり、葉の内部に侵入していた菌はそれを突き破って出てこられなくなるためです。

5 枝では緑枝先端に発生

枝では緑枝の、しかも新梢先端の若

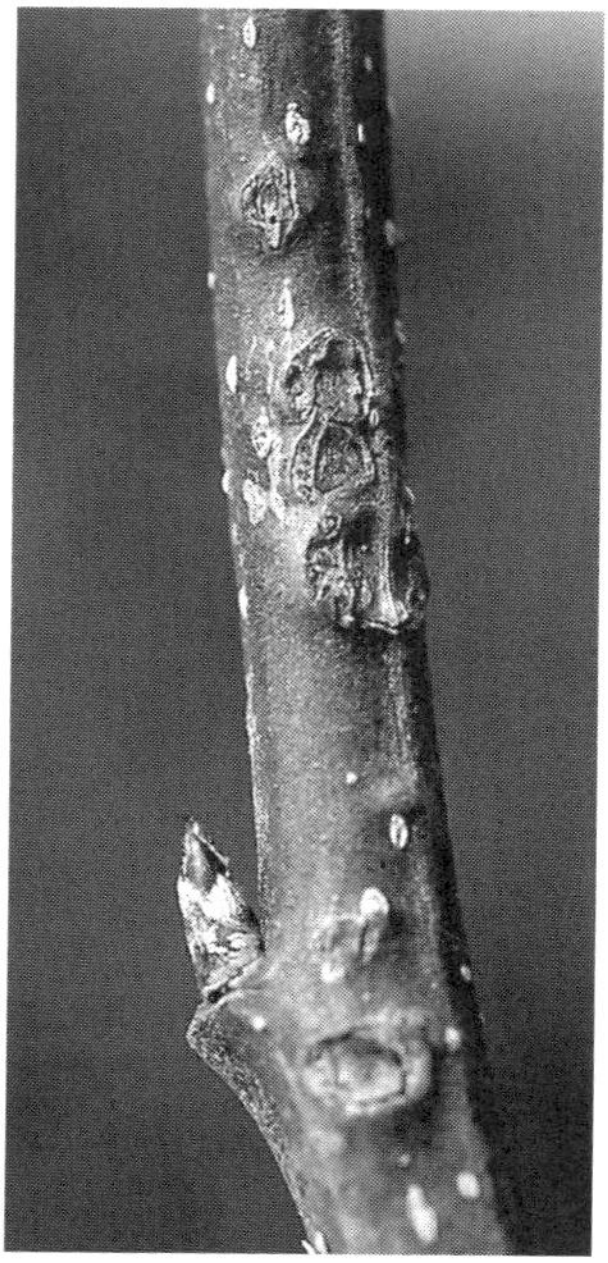

写真1‒7　枝では緑枝先端に発生して病斑をつくるが，伝染源にはならない

い部分にだけ菌は侵入でき、病斑が生じます。枝の一部が黒ずみ、やや凹み、一見して黒星病の病斑とわかります。病斑の黒ずんで見えるものは主に分生胞子です。この胞子がその後、雨などで流れてしまうと、再度胞子がつくられることはほとんどなく、病斑は表面が粗なままいつまでも変わりません（写真1‒7）。新梢が老化して表皮の色が茶色に変わる頃には、この病斑はほぼ楕円形で周囲は盛り上がり、中心部はやや凹んだ、典型的な枝病斑となります。

　ところで、この病斑が枝にあると、とくに剪定時期には気になるはずです。それというのも、はたしてこの病斑は黒星病の第一次伝染源となるかどうか迷うからです。しかし安心してください。試験の結果、胞子をつくりやすい温度と湿度条件を与えても胞子はつくられなかったので、伝染源にはならないことがわかっています。枝病斑は放っておいても大丈夫、ということです。

〈幸水の剪定で気になること〉

　幸水は関東地方では旧盆前から収穫が始まり、そのみずみずしく、さわやかな甘さでとても人気の高い品種です。ところが、栽培する立場で見ると、花芽の確保が難しい、黒星病に罹りやすいなど、高い栽培技術が要求される品種でもあります。

　幸水の花芽確保のためによく行なわれるのが、予備枝と呼ばれる枝を用意する剪定です。ご存知のように、予備枝とは数芽を残して剪定した遊び枝で、そこからその年に伸張した枝に花芽（腋花芽）が着生するのを期待します。しかし黒星病防除にとってはこの腋花芽がくせ者で、腋花芽の鱗片は秋季に黒星病菌に感染すると、翌春それが芽基部病斑となります。腋花芽を期待する新梢を対象に行なう防除、すなわち「秋季防除」が重要となります。

また、予備枝を多く残すと樹冠内が過繁茂となり、雨後の葉の乾きが遅れるなどして、やはり黒星病の発生誘因となります。予備枝としてどのような枝を、どこにどの程度残せばよいか、幸水には高い剪定技術が求められます。

ナシの花芽は通性としてその年に伸びた枝（新梢）の先端部分につくられやすいため、どうしてもこの花芽のついた枝を切れず残してしまう場合があります。これを花追い剪定といい、花芽数を確保したいと焦っている農家でしばしば見られます。

写真1–8　花芽を確保するため幸水ではよく予備枝を用意する

花追い剪定が多く残されている園を見ると、この農家はナシの売上げ増に少し焦っているのかなとか、黒星病の対策は十分やれているかな、また剪定技術が未熟なのかな、などと心配になります。

収入を増やしたいけど…
上手な剪定
花追い剪定

図1–3　剪定の上手，下手は黒星病防除にとってとても重要

第Ⅱ章

黒星病菌、その強さと弱点

——発生生態から探る

1 黒星病菌はどのように伝染していくのか?

1 黒星病の発生生態

黒星病菌の生活史、専門的には、発生生態といいますが、黒星病の第一次伝染源は二種類あります。

一つは、罹病落葉上につくられる子のう胞子によって伝染する経路、もう一つは芽鱗片の病斑上につくられる分生胞子によって伝染する経路です(図2-11参照、52ページ)。まずは子のう胞子によって伝染する経路から見ていきましょう。

写真2-1 黒星病が激発し葉はべったり煤をつけたようになる(春型病斑)

2 黒煤タイプと薄墨タイプ ——葉の二つの病斑タイプ

春から夏にかけて葉に発生する病斑は、まるで煤がくっついたように見えます。これは第I章でも触れたように「春型病斑」と呼ばれています(写真2-1)。

一方、夏以降に古くなった葉裏に薄汚れたように見える病斑が出現します。これが「秋型病斑」です。同じ病原菌による病斑であるのに、なぜ違うのか? 理由は葉の老若にあります。

●若い葉に出る春型病斑

春型病斑といっても春~秋まで発生します。ただし、夏以降発生するのは、二次伸長した枝にある若い葉だけ。言い換えれば若い葉に発生するのが、春型病斑です。

葉の表面はクチクラという組織で構成されています。葉が若い時期はクチクラも軟らかく、一度葉の中に侵入した黒星病菌はクチクラ組織を突き破り、そこから分生子柄を出し、その先に分生胞子をつくります（写真2−2）。これが塊のようになると黒い煤状に見えます（写真1−5参照、24ページ）。

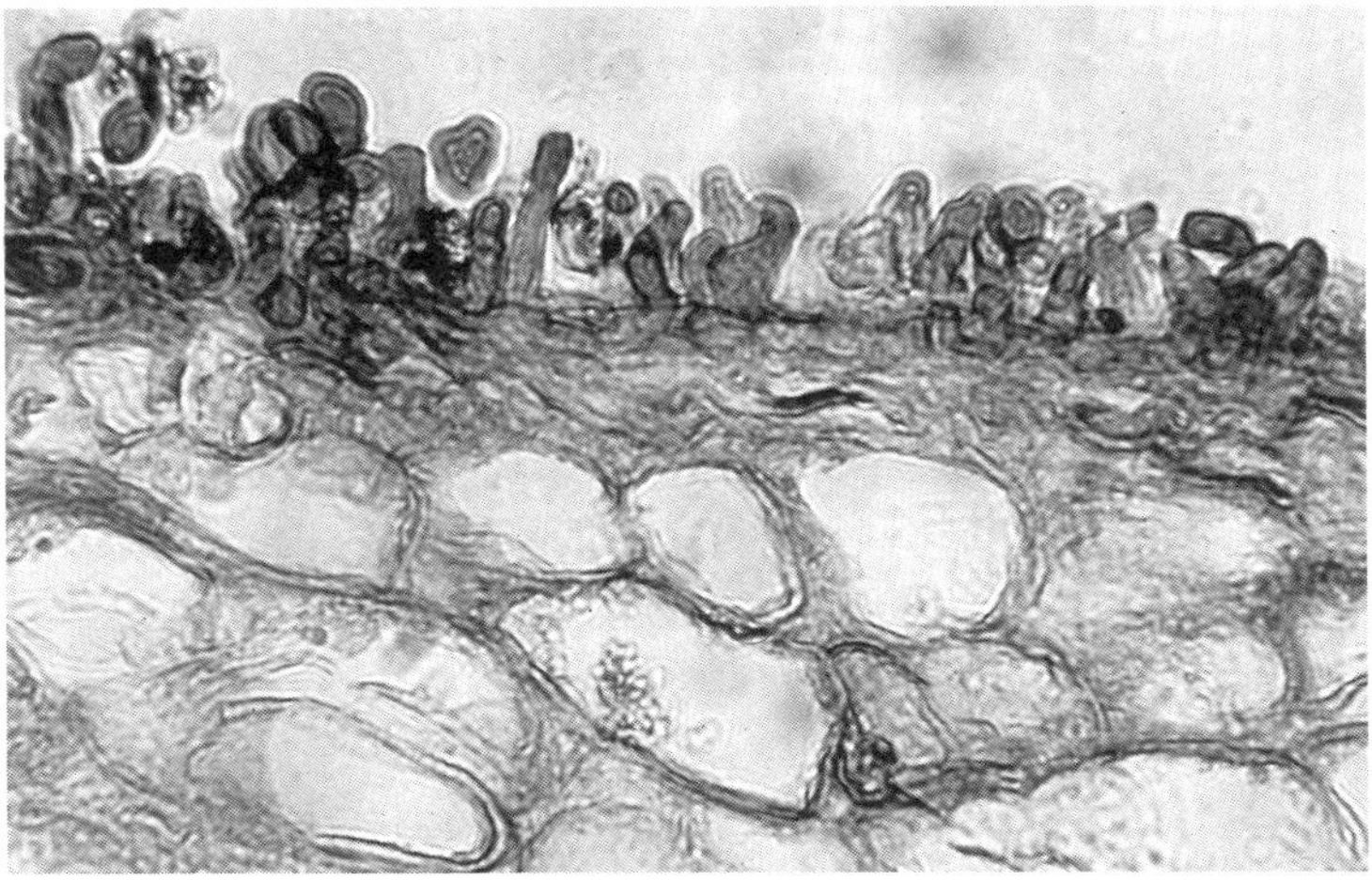

写真2−2　春型病斑では黒星病菌は若い葉の表皮部に存在する
線で示した部分は，クチクラ層を突き破り，分生子柄を出して分生胞子をつくる黒星病菌

●古い葉に現われる秋型病斑

一方の「秋型病斑」は一般に秋以降に、しかも古い葉に発生します。第I章で述べたように硬い葉にできるのが秋型病斑です。

葉が古くなると表面を構成しているクチクラ組織も硬くなり、葉の中に侵入した菌がそれを突き破ることができなくなります。かろうじて外に出てこられるのは、気孔という葉の水分調節をするための開口部分だけです（写真1−6参照、25ページ）。白い紙に鉛筆の先で細かい点を多数打ち、離れて見ると灰色に見えますが、秋型病斑もちょうどそのようなもので、薄汚れたように見えるのは気孔から出てきた黒星病菌です（口絵①参照）。

本書では以降、春型病斑のある葉を「発病葉」、秋型病斑の出ているそれを「罹病葉」と区別して呼ぶことにします。

3　落葉からの伝染経路

春型病斑と秋型病斑のうち、黒星病の第一次伝染源としてとても重要なのは、葉が老化してから出現する秋型病斑（罹病葉のほう）です。

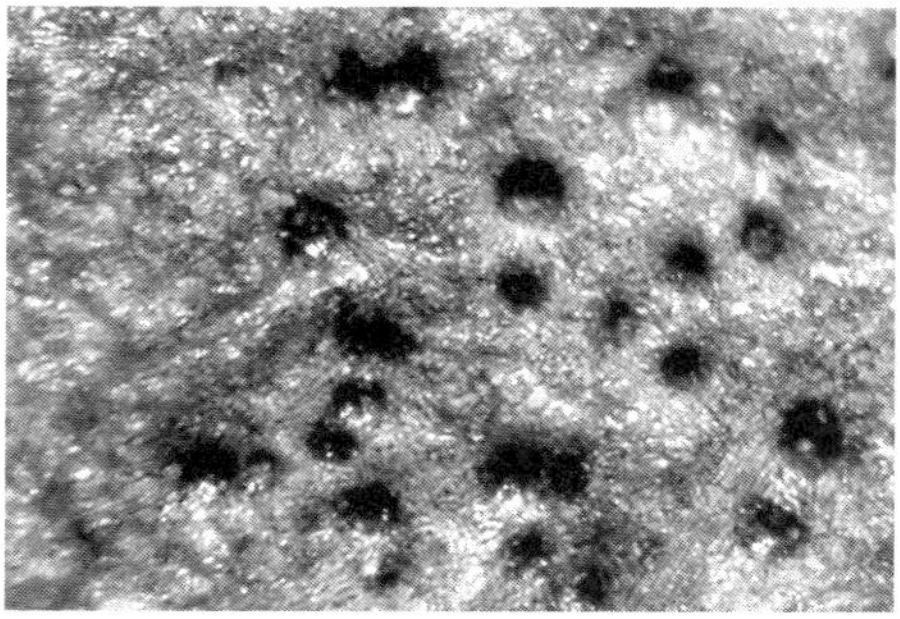

写真2−3　偽子のう殻

●黒星病菌は落葉中でも生きている

なぜなら、この秋型病斑を形成している黒星病菌は落葉中でも生きていて、冬の寒さを経験したのち（注）、葉上に「偽子のう殻」という繁殖器官をゆっくりとつくり始めます（写真2−3）。二月下旬になると、偽子のう殻内に円筒形状の子のうがつくられ始め、やがてその中に一子のう当たり八個の子のう胞子ができ、このように成熟した偽子のう殻が徐々に増えていきます（写真2−4）。そして、この子のう胞子は早い年は三月下旬から降雨の後、飛散し始めます（表2−1）。

（注）なぜか、そうしないと子のう胞子はつくられない。菌子は推定でマイナス一〇〜一五℃でも耐えられそうである。

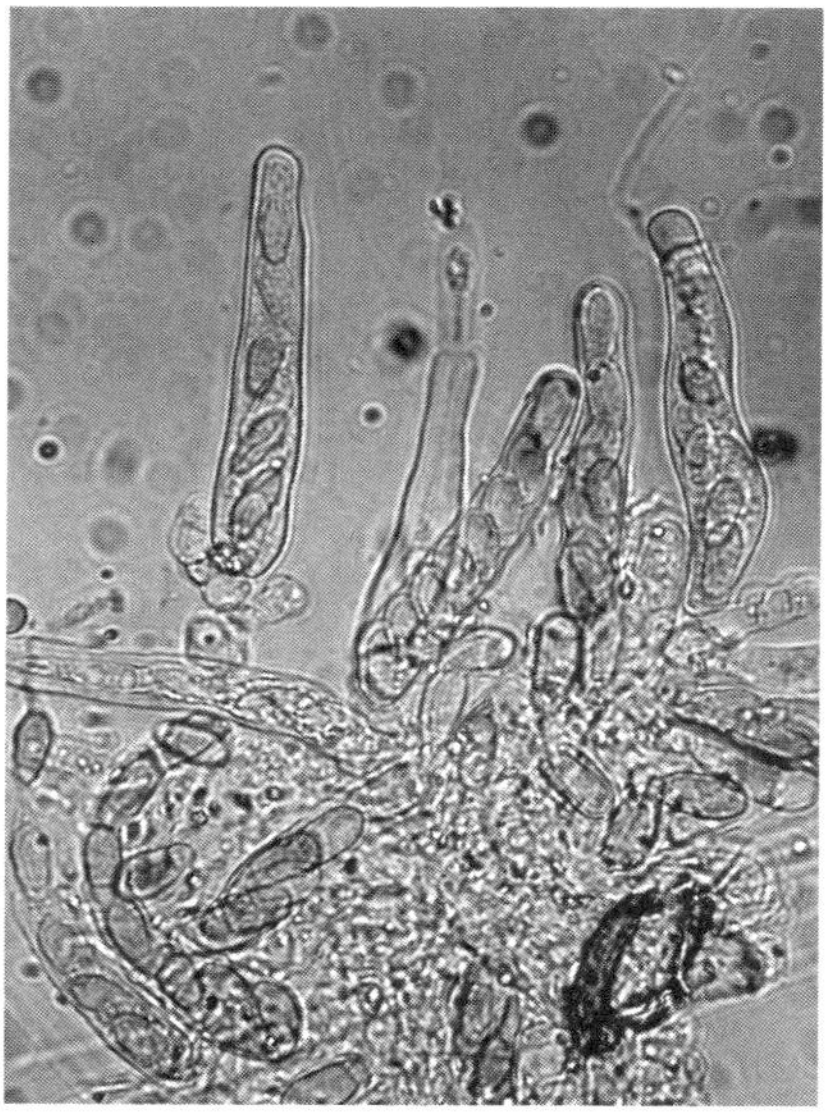

写真2−4　子のうと子のう胞子

●子のう胞子が射出される条件

子のう胞子が第一次伝染源となるには、落葉上の偽子のう殻から子のう胞子が射出され、それが風に乗って飛散しなければなりません。その様（さま）は、まるで大砲から弾が撃ち出されるようで、まさに〝射出〟という言葉がピッタリ、顕微鏡で見ているととても興味深いものです。

子のう胞子の射出には雨が必須で、雨で葉が十分に濡れたのち射出されます。

●子のう胞子の射出される高さ

子のう胞子が射出される高さは、実験結果から最高で約七㎜です（図2−

表2-1　ナシ落葉における黒星病菌偽子のう殻および子のう胞子の成熟経過

月／日	1986年	1987年
2/15	菌糸塊のみを確認	
2/19		菌糸塊のみを確認
2/25	偽子のう殻を確認	
2/26		偽子のう殻を確認
≈		
3/9		偽子のう殻を確認
3/10	未熟子のうを確認	
3/13	未熟子のうを確認	子のうがほぼ成熟
3/16		未熟子のう胞子を確認
3/19	未熟子のうを確認	
3/23		未熟子のう胞子を確認
3/26	未熟子のう胞子を確認	
3/27		未熟子のう胞子を確認
≈		
3/31		成熟が進む
4/1	未熟子のう胞子を確認	
4/6		成熟子のう胞子の割合は５割以上
4/7	子のう胞子の成熟が進む	
4/9	成熟子のう胞子の割合は約１割	

注　1986年の子のう胞子飛散の開始は4/10（幸水の開花10日前），最盛期は4/22
　　1987年の子のう胞子飛散の開始は3/23（幸水の開花16日前），最盛期は4/26

1、表2-2）。

子のう胞子の大きさは長径がわずか約一五μmですから、それに比べれば相当の高さと言えます。子のう胞子の大きさを仮に人間の平均身長の一七〇cmとすると、その高さは約八〇〇mにも達します。それほどの力で射出された子のう胞子は、上昇気流に乗って一八〇cmほどの高さの棚面の葉にたどり着くわけです。

●地面からの高さ別、子のう胞子数

子のう胞子が射出される高さは最高で約七mmですが、平均するとわずか四〜五mmです。射出後は上昇気流に乗ってさらに高いところまで達しなければ伝染は成立しません。実際はどうなのでしょう？

そこで、地面から二〇cmおきにグリセリンゼリーを塗ったスライドグラス

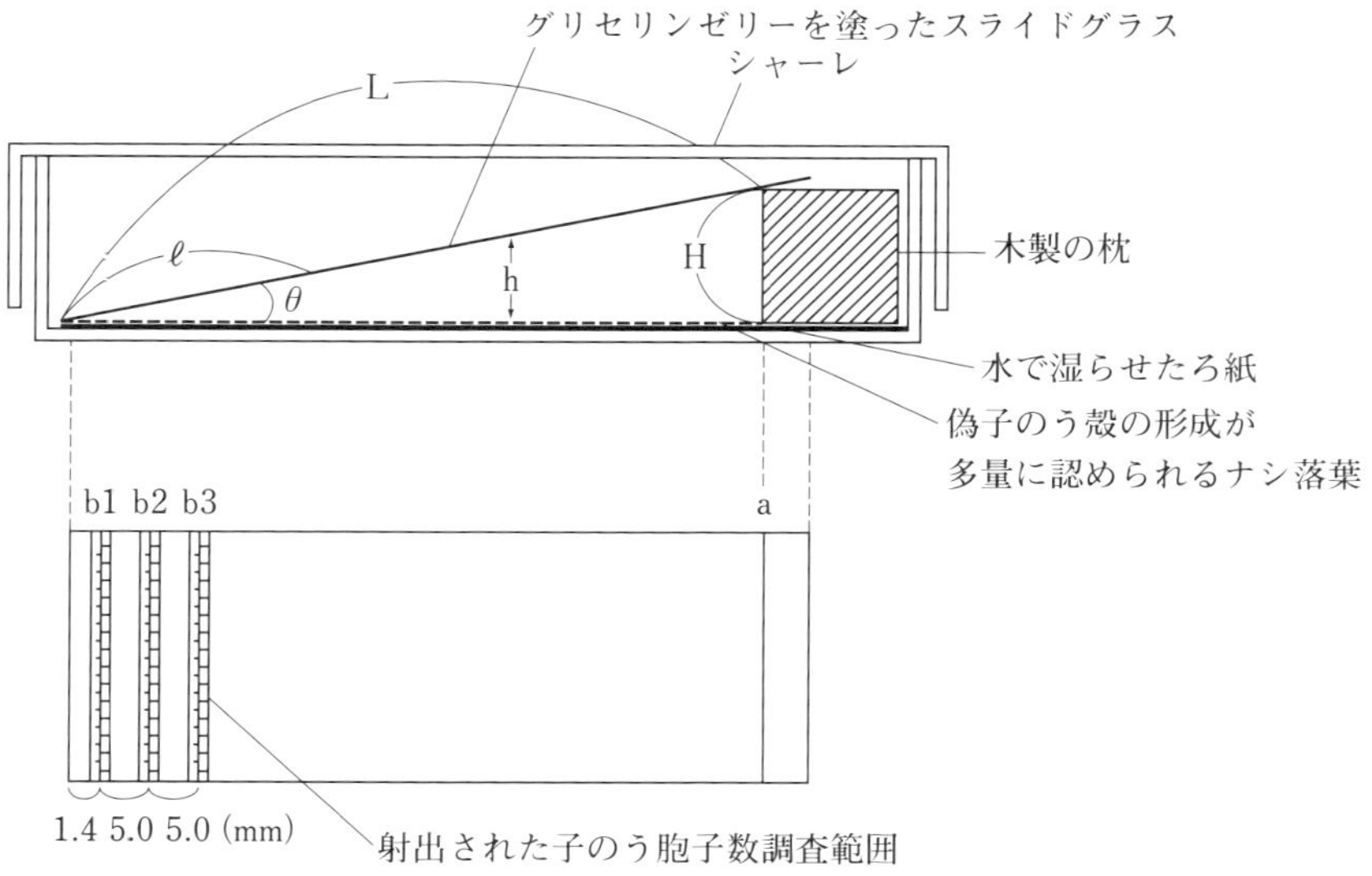

図2-1　落葉上の偽子のう殻から射出される子のう胞子がどれぐらいの高さまで飛散するか調べるための実験装置

表2-2　ナシ黒星病菌子のう胞子の射出高と胞子数

試験区	子のう胞子の射出高(mm)											
	0.28	1.30	2.32	3.34	4.35	4.71	5.37	6.06	6.39	6.71	7.36	7.69
A_1	11	68	34	55	54	—	15	1	0	0	0	0
A_2	9	3	3	38	8	0	0	0	0	0	0	0
B	0	3	3	150	18	9	0	0	0	0	0	0
C_1	324	198	43	869	335	—	56	16	5	9	2	0
C_2	2	2	1	32	11	—	3	0	0	0	0	0

注　温室シャーレ内での実験
　　試験区の1は同一試料について1回目の試験，2は2回目の試験

を設置し、飛散胞子数を調査してみました。結果は、地面に近い部分の胞子数は多く、地面から高くなるにつれて捕捉できた子のう胞子数は少なくなりましたが、一般のナシ園の棚の高さの一八〇cmにおいても確実に胞子をとらえることができました（図2-2）。地面に散らばっている落葉上の子のう胞子は、確実に黒星病の第一次伝染源になっているのです（図2-3）。

ではその数はどれくらいでしょうか。

●一偽子のう殻内の子のう胞子数

子のう胞子の数はどれくらいと考えたらよいでしょ

う。未熟な偽子のう殻を押しつぶしてみると子のうは約八〇個（写真2–5）、一子のう中には八個の胞子が存在しているので、一偽子のう殻内には八〇×八で約六四〇個の子のう胞子が形成されていることになります。秋型病斑のある落葉一枚には、数十個の偽子のう殻が形成されます。園全体でつくられる子のう胞子数はおびただしい数になります。

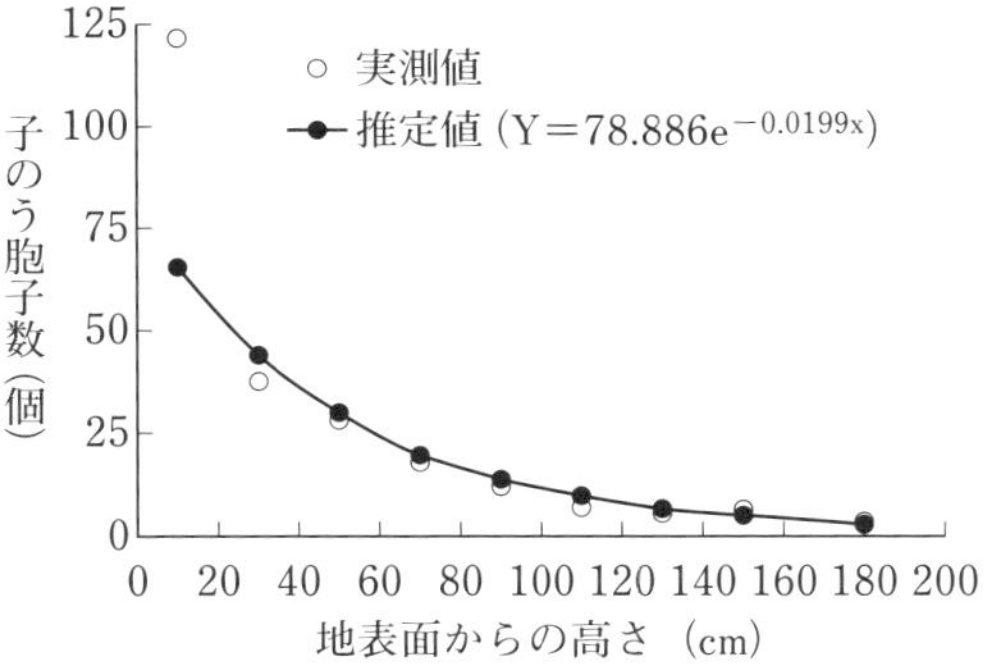

図2–2　地面からの高さ別ナシ黒星病菌子のう胞子の採取数

図2—3　黒星病菌子のう胞子は大砲から打ち出されるように飛び出す

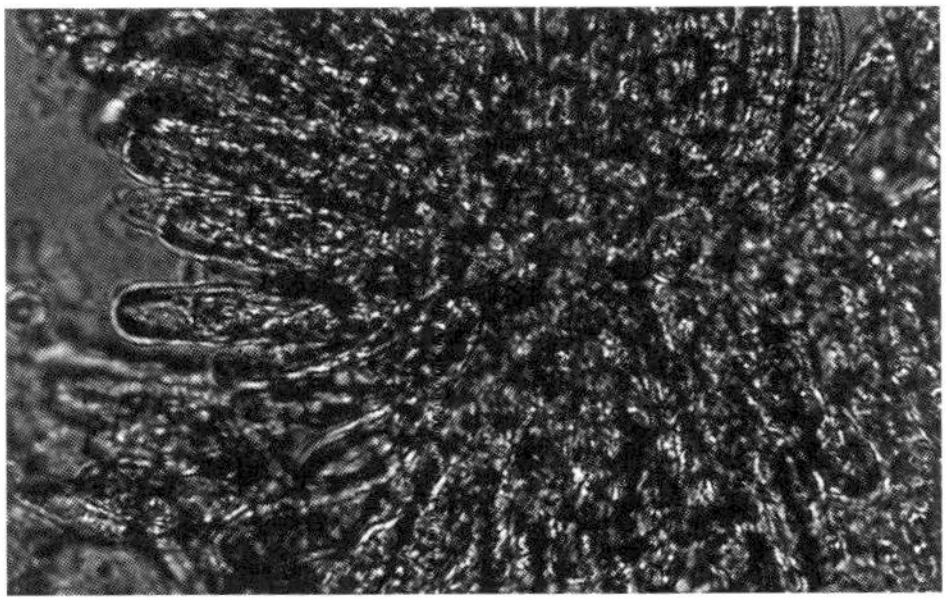

写真2–5　未熟な偽子のう殻を押しつぶしてみると子のうは約80個

●子のう胞子の飛散推移

子のう胞子の飛散開始から終了まではどうでしょうか？

偽子のう殻の成熟は気温の影響（積算）を受け、暖冬の年には早まり、厳冬の年には遅れます。暖冬の年の子のう胞子の飛散は千葉県では三月下旬から始まり、この時期は幸水の開花のかなり前に当たり、飛散のピークは四月

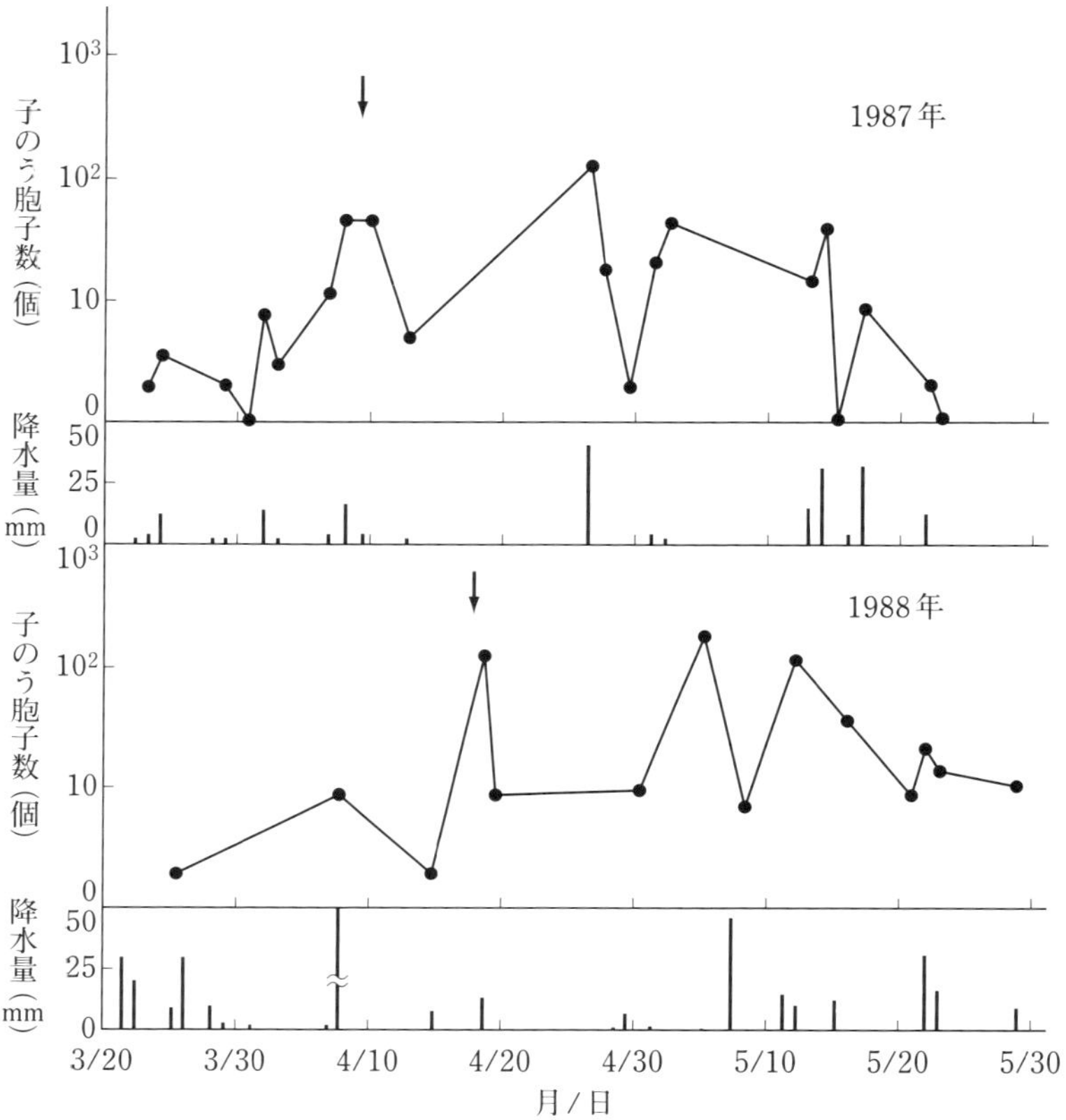

図2-4　子のう胞子の飛散は3月下旬から始まり，ピークは4月下旬～5月上旬にかけて
矢印：幸水の開花始め

下旬～五月上旬で、五月下旬には終了します（図２－４）。

以上が黒星病菌完全世代の一次伝染の状況です。

４ 発病芽鱗片からの伝染経路

次にもう一つの経路、芽鱗片の病斑上につくられる分生胞子によって伝染する経路についてみていきましょう。

この伝染は、子のう胞子に遅れること約二週間後の開花直前から始まります。しかし、芽鱗片の病斑は早い年には千葉県では二月上旬に確認できます。なぜ病斑が形成されてから分生胞子の飛散開始まで二ヵ月以上もの長い期間を要するのか？

確かなことはわかりません

表2-3　ナシ腋花芽鱗片における黒星病の進展経過（1989年調査）

月／日	発病進展経過
1/27	鱗片における発病が確認された
2/8	発病部に分化初期と判断される分生子柄のいぼ状突起が観察された
2/20	分生子柄の形成が顕著となった
3/2	分生胞子が形成され始め，高い発芽能力（83.3％）を保持していた
3/13	病斑は鱗片基部近くまで達しており，分生胞子の発芽率は96.8％であった
3/23	病斑は鱗片基部にまで達しているように見えたが，実際は達していなかった分生胞子の発芽率は60 ～ 73.9％であった
4/4	病斑は鱗片基部に達し，その上にも分生胞子が形成され始めた発芽率は40 ～ 95.1％であった
4/12	花そう基部には多量に分生胞子が形成されていた発芽率は63.3 ～ 90.9％であった

表2-4　ナシ品種および芽の種類別花そう基部黒星病の発生程度

品種	芽の種類	発病調査			
		1987年		1988年	
		調査芽数	発病率（％）	調査芽数	発病率（％）
長十郎	腋花芽	207	9.7	263	5.7
	一年生枝葉芽	161	0	123	0
	短果枝花芽	160	0	—	—
幸水	腋花芽	26	23.1	337	20.8
	一年生枝葉芽	137	0	241	0
	短果枝花芽	100	0	—	—
豊水	腋花芽	192	29.7	204	39.1
	一年生枝葉芽	229	4.8	269	8.2
	短果枝花芽	160	6.3	—	—

注　1987年は4月9日，1988年は4月23日に実施した
—は未実施

が、真冬に胞子が飛びだしても、ナシはまだ休眠中なので、せっかく飛びだしてもまったくの無駄になります。かしこい黒星病菌はそんな無駄はせず、じっと時を待っているということなのかもしれません（表2-3）。

さてその発生生態はどのようなものでしょう？

●芽の種類と鱗片発病

ナシの花芽には、大きく分けて腋花芽と短果枝花芽があります。また、新梢上と短果枝には葉芽も形成されます。これらの芽は品種によっても着き方に特徴があります。そこで芽の種類別の鱗片における黒星病の発生について調べてみました。

芽鱗片の発病率がもっとも高かったのは豊水で、幸水もそれ

表2-5　寒天液濃縮法の開発

試験区	分生胞子懸濁液の処理			遠沈管の部位別懸濁液	分生胞子数	
	遠心処理	寒天液の添加	懸濁液の再遠心		平均値	標準偏差
原液	−	−	−	全体	2.94	±1.47
①	＋	−	−	上清	0.72	±0.81
	＋	−	−	底部	3.75	±2.97
②	＋	＋	−	上清	0.09	±0.17
	＋	＋	−	底部	112.1	±47.87
③	＋	＋	＋	底部	1.93	±0.95

注　①は単に遠心分離した場合，②は寒天液を加えてから遠心分離処理した。③は，②の上澄液にさらに寒天液を加えて遠心分離処理を行なった。その結果，寒天液を加えて遠心処理をするとほぼすべての胞子を寒天液中に集めることができた

に近い程度多発しました。長十郎は発生が少なく、二十世紀と新高は発病しませんでした。また、発病する芽鱗片はおもに腋花芽で、例外的に豊水の短果枝葉芽も発病していました。

このことから、長果枝利用率の高い幸水と、比較的短果枝花芽を維持しやすい豊水が、栽培面積の多さからいっても重要な防除対象になることがわかります（表2－4）。

●発病芽鱗片の胞子形成は六月中旬まで続く

罹病落葉からの子のう胞子の伝染は一過性です。子のう胞子は年に一度、偽子のう殻内に形成されるだけだからです。

一方、芽鱗片病斑はたんに名称が変わるだけですが、その後、芽基部病斑、新梢基部病斑、花（果）そう基部病斑となって、分生胞子をつくり続け、四月中旬から六月中旬まで伝染源として機能します。

●一病斑上の分生胞子数

子のう胞子の数がどれくらいになるかを先に見ましたが（そしてそれは園内でおびただしい数になることを知りましたが）、一病斑上の分生胞子数はどれくらいでしょうか？　次のような方法で調べました。

①寒天液濃縮法

黒星病菌の分生胞子はなぜか水にとても浮きやすく、胞子の混ざった液（胞子懸濁液）をふつうに遠心分離機にかけても遠沈管の底に沈みません。そこで、胞子懸濁液に薄い寒天液を添加し、遠心分離処理すると、薄い寒天液は遠沈管の底部に集まって、弱くで

すが固まります。この遠沈管をゆっくり傾け上澄み液を捨てたあと、底部に残った寒天液をよく攪拌して顕微鏡で見ると、胞子数が数えられます（表2−5）。

濃縮効率は、胞子懸濁液を一〇ml入れた遠沈管に〇・一%寒天液を〇・五ml添加後、五分以上遠心処理を行なったところ、遠沈管底部に〇・二mlの寒天液が残ったので、一〇÷〇・二で、五〇倍と計算できます。

②形成分生胞子数

この方法を使ってある年の四月に、一個の発病花そうの病斑上に形成されている分生胞子数を数えてみました。

まず病斑部を絵筆でていねいに洗い、胞子懸濁液を得ました。この懸濁液を上記方法で濃縮処理を行なったあと、顕微鏡下で胞子数を数えたわけです。

その結果、一発病花そう当たりの総胞子数は数百〜数千個程度でした。一ナシ園で発生している芽鱗片発病芽数は、秋季防除を行なっていればそれほど多くなく、一〇アール当たりせいぜい二〇〜五〇個程度でしょう。したがって、落葉上に形成される子のう胞子数と比べると、意外と少ないという感じです。

ただ、芽鱗片病斑の第一次伝染源としての特徴は、ざっと見積もって四月中旬〜六月中旬の約二ヵ月にも及ぶその伝染期間の長さです（表2−6）。

表2-6　発病芽鱗片からの分生胞子の分散開始時期とその推移

採雨月日	降水量（mm）	採雨量（ml）	総胞子数
4/6	1.5	15	0
4/7	59.5	1,390	0
4/8	2.0	87	0
4/13	9.0	217	0
4/17	1.5	38	267
4/18	12.5	241	0
4/29	8.0	166	0
5/4	1.0	28	394
5/7	46.0	618	4,344
5/11	13.0	231	1,624
5/12	10.0	144	3,036
5/15	11.5	66	464
5/20	7.0	149	0
5/22	30.5	580	4,076
5/23	15.5	250	3,514
5/29	7.5	29	204

注　試験は1988年に行なった
　雨水の採取では発病芽鱗片の直下で直径21cmのロートを使用した

●分生胞子飛散の引き金は

子のう胞子が分散するきっかけは降雨でした。分生胞子を飛散させる引き金は何でしょうか。

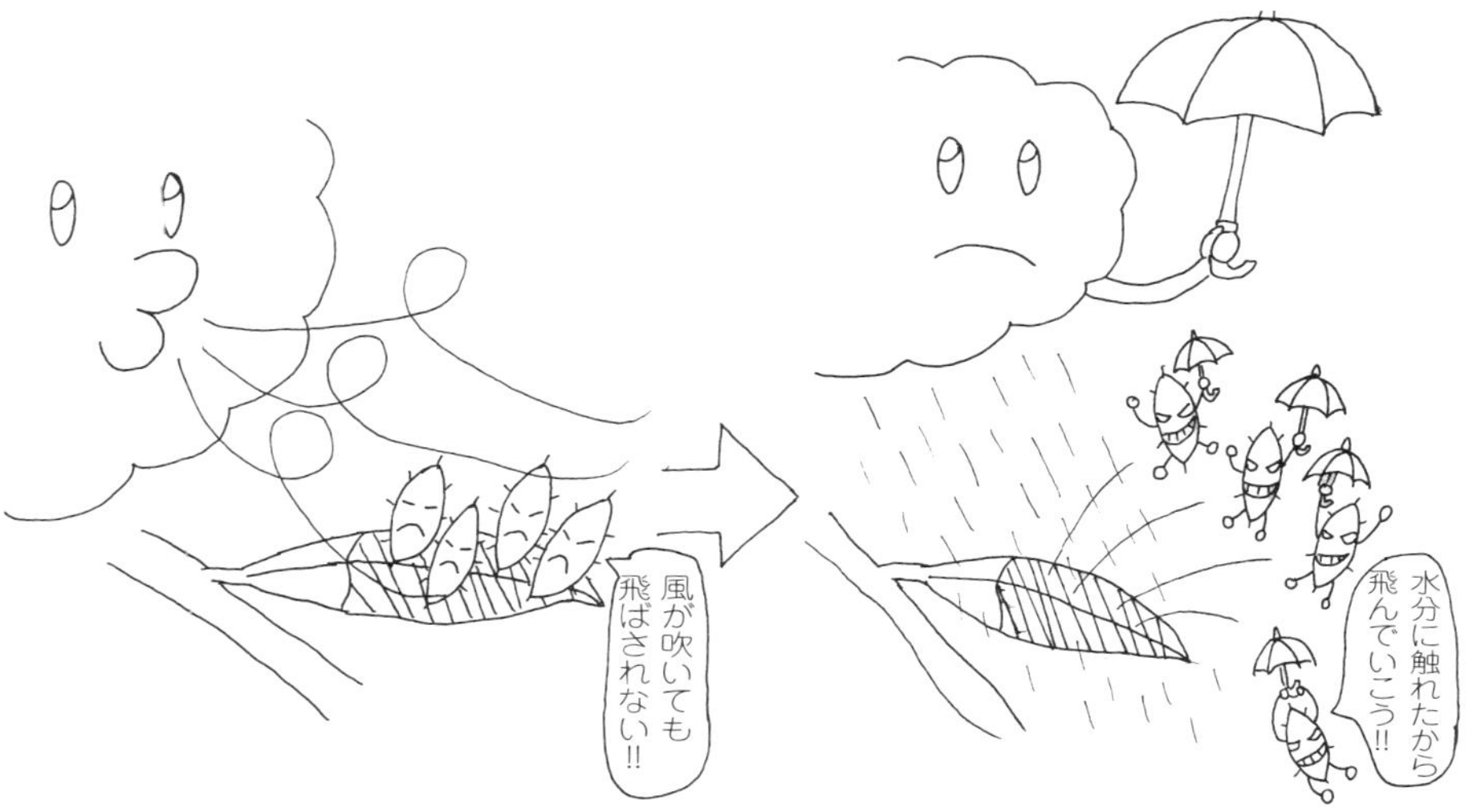

図2−5　分生胞子は水湿を得てから飛び出す

分生胞子を多量につくっている葉の病斑を置いて、そこから胞子を飛散させる試験を行なったところ、相当強い風や振動を与えても胞子はほとんど飛散しませんでしたが、水を霧吹きで与えてやるとただちに大量に飛散し始めました。分生胞子の飛散にも子のう胞子と同様に、雨または病斑の濡れが必須だと確認できました（図2−5）。

●開花直前から降雨のたびに飛散

芽鱗片発病から芽基部病斑となったころにつくられる分生胞子の飛散の推移については、第一次伝染の観点から、必ず把握しておかなければならないことです。

分生胞子が、水質を得て飛散が始まることはすでに言いました。実際、重要な第一次伝染時期である四〜五月、発病部位の下で雨水を採取し、その中の胞子数を調べてみると、開花直前頃から胞子の飛散が確認でき、その後はほぼ降雨のたびに分生胞子の飛散が認められます（表2−6）。

●分生胞子の飛散距離は…

では、その分生胞子の飛散距離は？

発病芽鱗片を試験区の中心に置き、東西南北へどの程度飛散するのか、一六mの地点まで鉢植えのナシ苗を置いて調べてみました。結果はいずれの方向とも八mの地点でも発病し、方向によっては一六mの地点でもかなり発病しました。実際には風の強さが大きく影響するので、これ以上飛散することもあり得ない話ではありません（図

2-6）。

●芽鱗片「生組織」が露出して感染

こうした分生胞子を飛散させる芽鱗片に黒星病菌はいつ感染するのか？長年黒星病の研究に携わっている間に私はそれが腋花芽の形態と関係があるのではないかと考え、夏以降の腋花芽の形態がどのように変化するかを旬ごとに観察してみたことがあります。

すると、十月上旬以降、芽鱗片の生きている部分が少し露出してきます。この露出は、芽が充実して太くなったのを枯れた芽鱗片が被いきれなくなって現われてくるものです。いうなれば、若いときにつくった洋服が、年とってお腹などが出てくるとうまく着られないのと同じです（写真2-6、表2-7）。この露出部分を私は「芽鱗片生組織（せいそしき）」と呼んでいます。

芽鱗片の「生組織部分」と「枯死部分」、黒星病菌はどちらに、あるいはどちらにも感染するのでしょうか？

二種類の芽鱗片に胞子懸濁液を噴霧

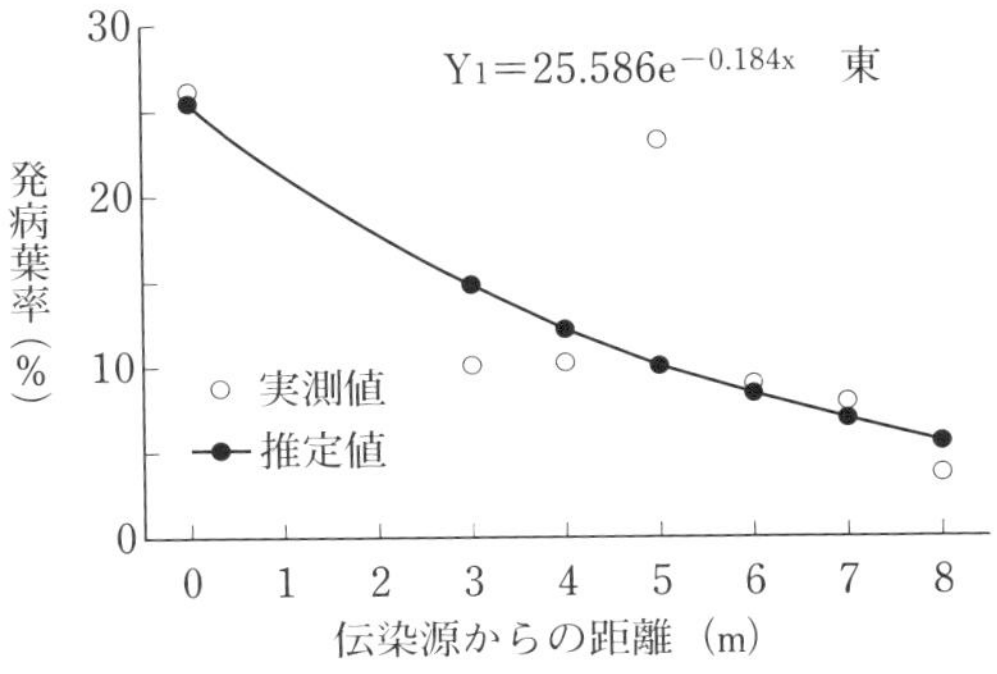

図2-6　ナシ黒星病菌分生子の分散方向および距離別発病程度（1983年）

写真2-6　鱗片生組織が露出した腋花芽（矢印）

表2-7　ナシ品種，芽の種類別鱗片生組織の露出状況

供試品種	芽の種類	調査芽数	露出生組織保有率（%）
豊水	腋花芽	102	94.1
	一年生枝	140	3.6
	短果枝花芽	233	3.9
幸水	腋花芽	31	87.1
	一年生枝	182	0
	短果枝花芽	105	19.0
長十郎	腋花芽	102	89.2
	一年生枝	138	0
	短果枝花芽	224	0.9

注　調査は1986年11月に行なった

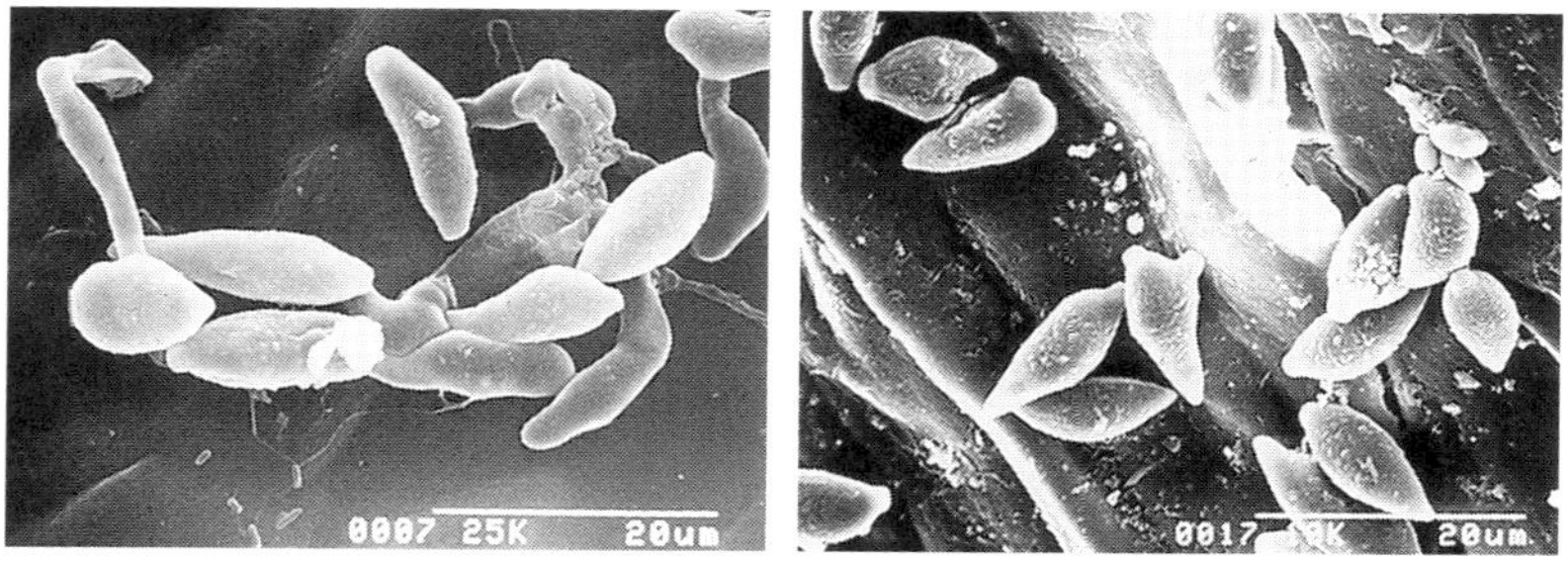

写真2-7　鱗片生組織上では胞子が発芽する（上）が，枯死組織では発芽しない（下）

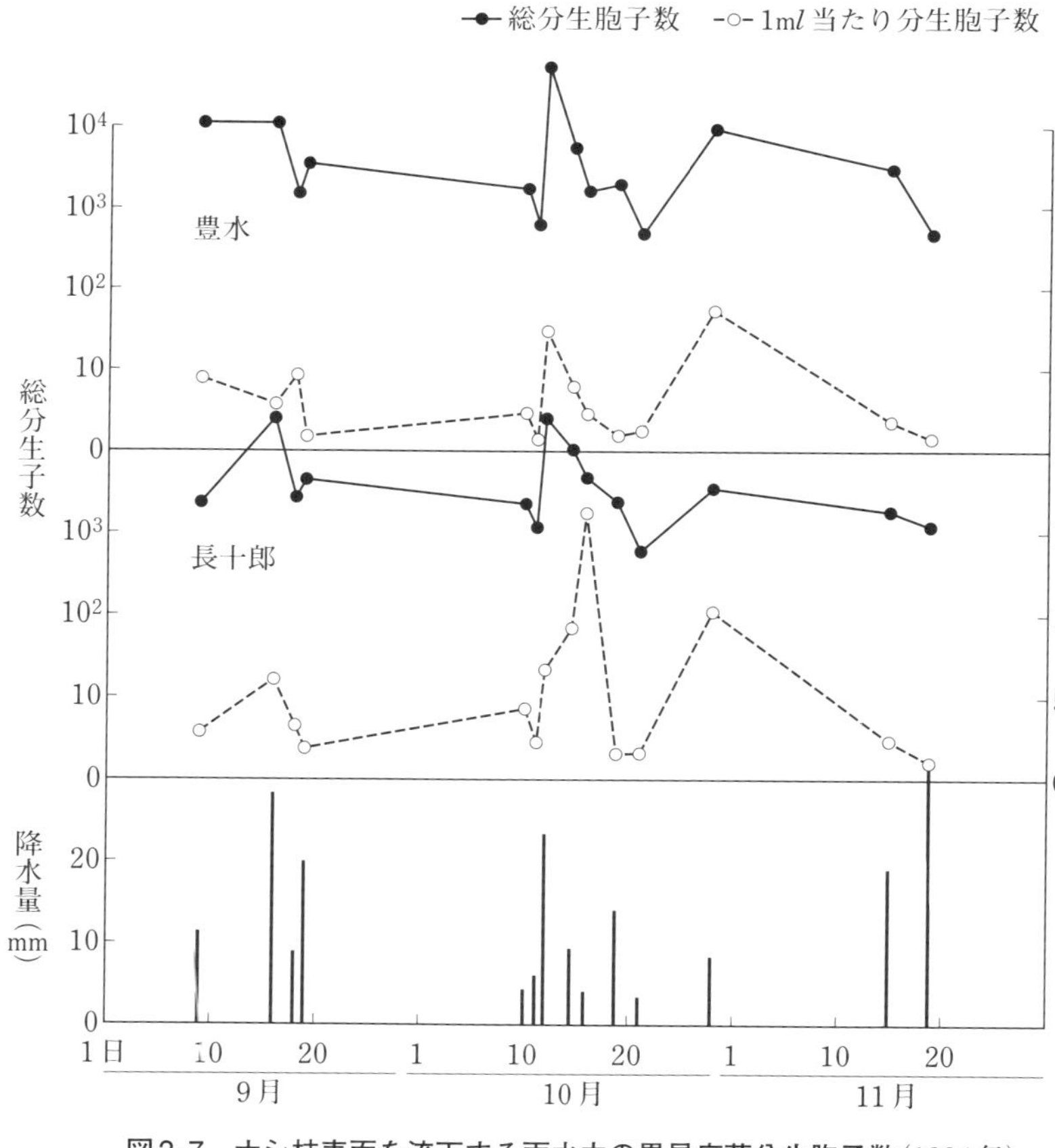

図2-7　ナシ枝表面を流下する雨水中の黒星病菌分生胞子数（1984年）

接種し、湿室状態で胞子が十分発芽できるだけの時間を保ったのち、走査型電子顕微鏡を使ってその発芽行動を観察したところ、枯れた鱗片上では発芽できないか、わずかに発芽管を出した状態で生育を停止したのに対し、「生組織上」では正常に発芽しました（写真2-7）。

芽鱗片への感染は生組織部分で、感染はそれが露出してくる十月上旬以降ということになります。

では、こうした芽鱗片生組織に分生胞子はどこからきたのでしょう。秋にナシの新梢を流れ下る雨水を集め、その中の胞子数を雨ごとに調査したことがあります。雨水一ml中に多いときには一五〇個、一雨では一万個以上もの分生胞子が含まれていました（図2-7）。

枝先端部に春型病斑や秋型病斑をもった葉があれば、それらから分生胞子が雨水に混じって流下していることが容易に見て取れます。

●そして九時間の濡れ時間で発芽、感染成立

新梢などの葉の病斑上につくられた分生胞子が雨水とともに枝を流下する間に芽鱗片の生組織部分にたどり着く、そして雨水などで湿った状態が約九時間以上続くと胞子は発芽し、鱗片の生組織部分に侵入、感染が成立します（口絵⑧参照）。

正確にいうと、胞子から発芽管が出て付着器をつくり、菌糸がそこから植物組織に侵入し、植物体から栄養を摂取するようになると感染の成立です（図2-8）。

以上、二つの伝染経路別に黒星病菌の発生生態を見てきましたが、さらに詳しく、今度は部位別にその発生条件などについて見ていきます。

5 腋花芽の着生位置、順位と感染の難易

●枝の横や下の腋花芽は上側に比べ二倍以上感染しやすい

腋花芽が枝の上に着生しているのか、下に着生しているか、それとも左右の横側に着生しているか（図2-9）は、黒星病菌の芽鱗片感染においてとても重要です。春の発病時まで剪定などを行なわずそのまま放置して、枝に対する腋花芽の着生位置が上、横、下別に発病調査してみると、枝の下や横に着生している腋花芽は、上側に着生している腋花芽に比べて約二倍かそれ以上も、発病率の高いことが確認できました。

枝の下側や横側は、上側に比べて湿った状態が長く保持されやすく、胞子の発芽にも適した条件になりやすいこ

とが伺われます（表2−8）。

●枝基部より先端のほうが発病率は高い

腋花芽の着生順位も、黒星病菌の感染の難易に関係があります。枝の先端に近い部位の腋花芽は基部に近い部位の腋花芽に比べて早期に充実して太くなるため、生組織部分の露出時期は早くしかも露出部分は大きくなるので、発病するリスクが高まります（表2−9）。

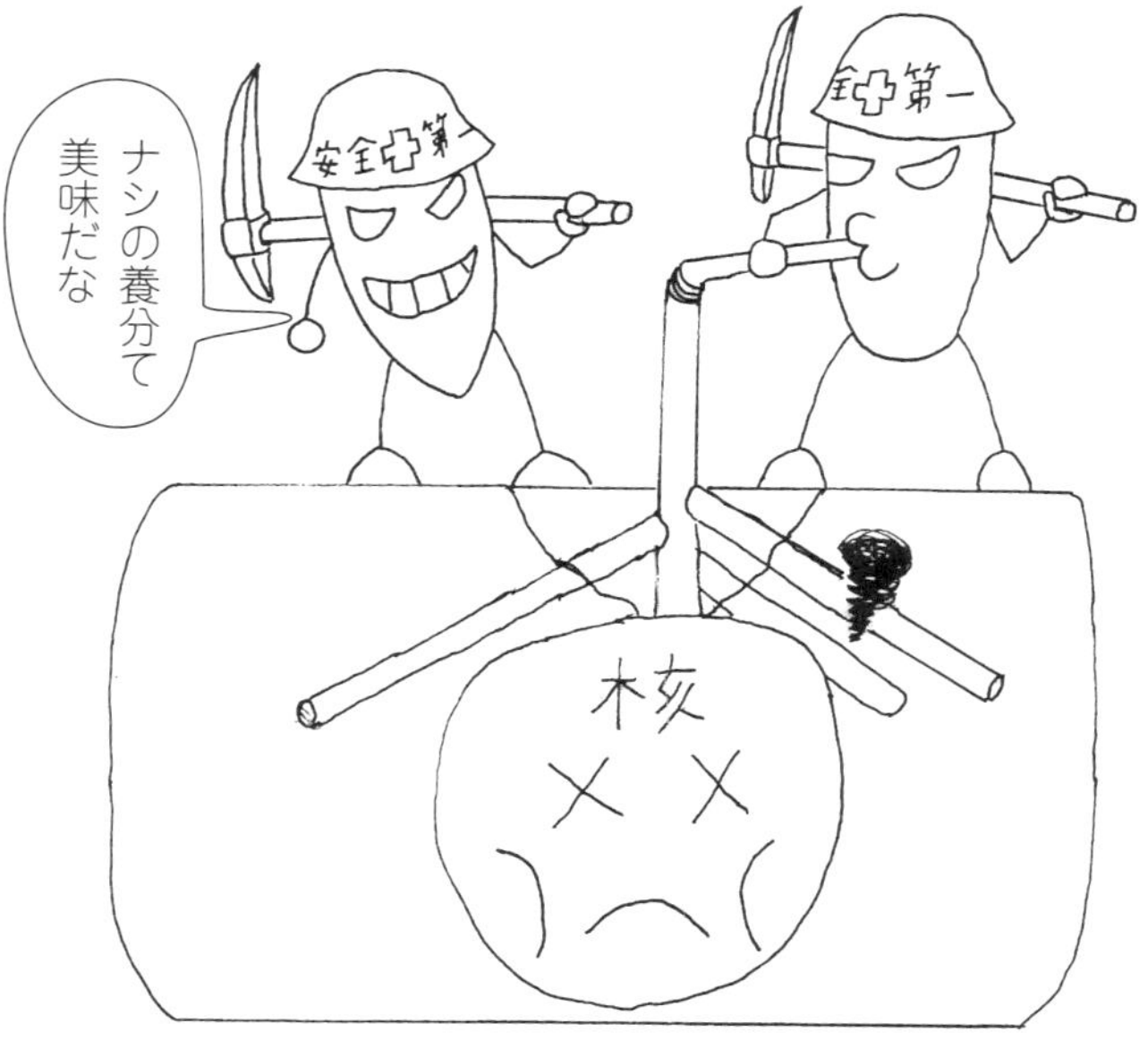

図2−8　黒星病菌の菌糸がナシの細胞から栄養を吸い取るようになると感染の成立

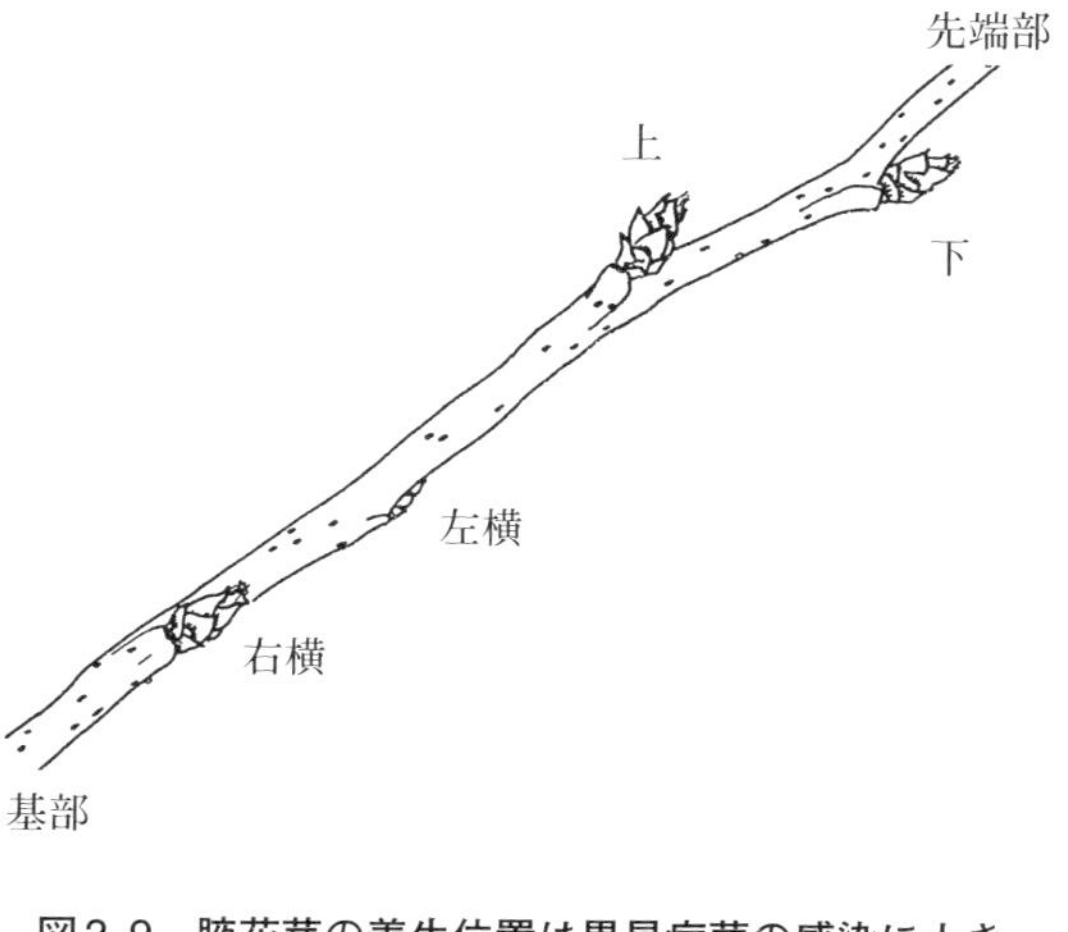

図2−9　腋花芽の着生位置は黒星病菌の感染に大きく関わる（後藤原図）

●感染時期は十月中旬〜十一月中旬

黒星病菌の腋花芽鱗片への感染は、「鱗片生組織」部分の露出時期と密接な関係にあり、だいたい十月上旬以降と述べましたが、もう少し正確にはいつごろなのか、二つの試験をして調べてみました。

一つは、水をはじく性質の固着性展着剤（商品名　ステッケル）を、試験区を変えて九月上旬から約一〇日ずつ遅らせながら腋花芽に散布を開始し、感染を遮断するようにした試験です。

結果は、十月下旬散布開始までの試験区ではよく発病を抑えていましたが（注）、

表2–8　腋花芽の枝への着生位置と黒星病の発生程度

腋花芽の着生位置	調査芽数	発病率（%）
下部	130	36.8
右側部	93	32.9
左側部	102	30.8
上部	110	14.6

注　長十郎で調査した

表2–9　枝先端に近い部位の腋花芽ほど発病のリスクは高い

芽の順位	豊水			幸水			長十郎		
	調査腋花芽数	花芽分化率（%）	発病率（%）	調査腋花芽数	花芽分化率（%）	発病率（%）	調査腋花芽数	花芽分化率（%）	発病率（%）
1	22	100	50.0	46	100	13.0	29	100	0
2	22	100	40.9	45	97.8	15.6	28	96.6	14.3
3	20	90.9	50.0	45	97.8	24.4	22	75.9	13.6
4	18	81.8	27.8	41	89.1	26.8	27	93.1	3.7
5	20	90.9	40.0	41	89.1	31.7	27	93.1	7.4
6	17	77.3	52.9	34	73.9	17.6	25	86.2	4.0
7	19	86.4	42.1	24	52.2	25.0	20	69.0	0
8	17	77.3	29.4	18	39.1	22.2	21	72.4	0
9	15	68.2	33.3	17	36.9	23.5	17	58.6	0
10	13	59.1	23.1	12	26.1	8.3	12	41.4	7.4
11	7	31.8	28.6	5	10.9	0	10	34.4	10.0
12	5	22.7	40.0	6	13.0	0	6	20.7	0
13	6	27.2	16.7	1	2.2	0	5	17.2	0
14	4	18.2	50.0	1	2.2	0	5	17.2	0
15	—			1	2.2	0	4	13.8	25.0

注　芽の順位は，頂芽を1とした場合の腋花芽の着生順位

表2-10　パラフィン系固着剤の散布開始時期と腋花芽鱗片における黒星病の発生程度

試験区	散布月日									調査花そう数	発病花そう率（%）
	9月			10月			11月				
	2	7	20	6	13	21	1	8	15		
A	○	○	○	○	○	○	○	○	○	213	0.9
B	—	○	○	○	○	○	○	○	○	200	1.5
C	—	—	○	○	○	○	○	○	○	237	0.8
D	—	—	—	○	○	○	○	○	○	147	2
E	—	—	—	—	○	○	○	○	○	160	0
F	—	—	—	—	—	○	○	○	○	117	1.7
G	—	—	—	—	—	—	○	○	○	115	7
H	—	—	—	—	—	—	—	○	○	263	7.6

注　使用した展着剤は，パラフィン24％を主成分とする固着剤
○：散布，—：無散布
処理は1977年秋，調査は1978年春に行なった

十一月上旬に開始した区では無散布区と差がない程度に発病しました（表2-10）。

（注）固着性の展着剤は黒星病防除に有効。第Ⅲ章で同系統のアビオンEの加用で高い効果を期待できることを紹介。残念ながらステッケルは現在ナシに適用がない。

もう一つは、現在は未登録農薬となり使用できませんが、当時は黒星病や黒斑病に高い効果があるので盛んに使用されていたDという殺菌剤を、長生郡一宮町にある一般ナシ圃場で時期をズラしながら散布した試験です。スピードスプレーヤによる散布で一試験区当たりの面積は大きく、合計三園を使って、九月中旬、同下旬、十月上旬から一〇日ごとに四回散布する区と、九月下旬、十月上旬、同中旬から一〇日ごとに三回散布する区を設けました。

その結果、まずE区とF区の比較から、最終散布を十一月上旬にしたほうが十月下旬で終了するより効果が高く、D区とF区の比較から、同じ十一月上旬に散布を終了する場合でも三回散布より四回散布の効果が高いことがわかります。十月上旬の散布にも、それなりの効果があるということです。

さらに、四回散布のA区とB区を比べると、十月下旬を最終散布に含んでいるB区の効果が高いことが明らかで、十月下旬の散布が有効に働いていることが判断できます（表2-11）。

以上から、十月下旬、そして十一月上旬に最終散布する区の防除効果が高いことが明らかで、この結果と散布し

表2-11　D剤の秋季防除時期および防除回数と花そう基部における黒星病の発生程度

供試園	試験区	D剤の散布時期						花そうの発病状況	
		9月		10月			11月	調査数	発病率（%）
		中	下	上	中	下	上		
Ⅰ	A	○	○	○	○	—	—	232	10.3
	B	—	○	○	○	○	—	230	6.1
	C	—	○	○	○	—	—	199	12.6
Ⅱ	D	—	—	○	○	○	○	164	10.4
	E	—	—	○	○	○	—	204	19.1
	F	—	—	—	○	○	○	201	13.4
Ⅲ	G	—	—	—	—	—	—	128	43.8

注　○はD剤1,000倍液の散布。散布年月日はⅠ園は1982年9月16日，25日，10月1日，15日，25日，Ⅱ園は1982年10月1日，13日，23日，11月1日
供試ナシ品種は幸水

たD剤の残効が最低一〇日はあったことから、黒星病菌の腋花芽鱗片への感染時期は、千葉県を代表とする南関東では十月中旬～十一月中旬だという結果が得られました。

ただ、最近は地球温暖化に伴って落葉時期が遅れつつあり、感染時期も七～一〇日程度後ろにずれ込んでいるだろうと考えています。

6 枝上の病斑は伝染源になるか

●緑枝上の病斑

枝が伸長中の緑枝にもしばしば黒星病の病斑を見かけます。病斑上には分生胞子も確認できます。この病斑上の胞子を洗い流してから、緑枝を黒星病菌の生育適温である一五～二〇℃に保つと、胞子が再度つくられます。ただし分生胞子がつくられる期間は短く、若い枝といえどもやや古くなった病斑上には胞子がつくられることはありません。

●一年生枝以上の枝上病斑

一方で、前年の枝などにできた黒星病の病斑はまるでクレーターのようで、とても目につきます。これらの病斑が黒星病の第一次伝染源になるのではないかと剪定時などに気になりますが、第Ⅰ章4-5（25ページ）で述べたように伝染源にはなりません。それは次のような試験で確認ズミです。

病斑のある枝を、分生胞子をつくりやすいように水道水で湿らせ、黒星病菌の生育適温である一五～二〇℃に保ちます。約一ヵ月の間に数度水道水で

表2−12　春における一年生枝上の黒星病病斑の洗浄液中の分生子数

調査年	試験区	調査枝数	第1回調査		第2回調査	
			調査回数	総胞子数	調査回数	総胞子数
1986	発病枝	3	25	70	20	439
	健全枝	3	15	0	20	176
1987	発病枝	5	20	176	15	141
	健全枝	5	20	35	15	0

注　第1回調査は1986年4月18日，1987年4月7日，第2回調査は1986年5月6日，1987年4月14日に行なった

病斑を洗い、胞子ができているかどうかを調査したところ、発病枝の洗浄液中の胞子は前年に形成されたものばかりで、ついに新たな胞子の確認はできませんでした。剪定時にしばしば目にする枝上の病斑は第一次伝染源にはならないと安心してよさそうです（表2−12）。

●枝病斑は第一次伝染源にならない

結論として、枝上の病斑には緑枝の、非常に限られた時期にしか分生胞子がつくられないので、緑枝上病斑の伝染源としての重要性はかなり低いといえます。

また、一年生以上の古い枝上病斑には胞子はつくられないので、第一次伝染源にはなりません。

では改めて、葉の病斑に今一度もどってその発生生態について詳しく見てみましょう。第一次伝染源として重要なのは、葉、正確には秋型病斑をもった罹病葉です。

7 発病葉上の分生胞子は伝染源になる？

一般的に胞子の生存期間は湿った状態に置かれると短く、逆に乾燥した状態に置くと長くなります。黒星病が発生し、分生胞子がたくさんつくられている葉も秋には落葉するわけですが、この胞子は翌年の第一次伝染源になりうるのでしょうか。

●分生胞子の生存条件と発芽能力

そこで、落葉時期に分生胞子をたくさんつくっている発病葉（春型病斑の葉）を採取し、条件をいろいろ変えて置いておき、いつまでこの胞子が生きているかを試験してみました。

表2-13　発病病葉の採取時期および保管場所別の分生子発芽率

罹病葉の採取時期	採取葉の保管場所	発芽率調査日 1986年12月13日 調査胞子数	1986年12月13日 発芽率(%)	1987年1月9日 調査胞子数	1987年1月9日 発芽率(%)	1987年2月16日 調査胞子数	1987年2月16日 発芽率(%)	1987年3月23日 調査胞子数	1987年3月23日 発芽率(%)	1987年4月22日 調査胞子数	1987年4月22日 発芽率(%)
10月2日	屋根の下	347	24.5	293	4.4	300	4.7	300	8.7	154	0.6
10月28日	屋根の下	159	26.4	347	6.3	300	9.3	300	7.3	308	2.6
11月10日	屋根の下	187	8.6	89	2.2	300	4.3	100	5.0	306	3.3
10月2日	樹上	197	15.2	132	3.8	300	1.7	61	0	30	0
10月28日	樹上	172	5.2	200	2.5	300	2.7	77	1.3	30	3.3
11月10日	樹上	29	10.3	64	0	300	2.0	60	0	43	7.0
10月2日	地面上	62	3.2	74	8.1	18	0	17	0	21	0
10月28日	地面上	106	1.9	45	4.4	34	2.9	15	0	30	0
11月10日	地面上	35	2.9	49	6.1	18	0	15	0	29	0

表2－13がその結果です。

採取葉の保管場所として「屋根の下」は雨の当たらない乾いた場所、「地面上」は湿度の高くなる場所、「樹上」はその中間の条件という想定です。

秋に採取したばかりの病斑上の分生胞子の発芽率は三〇～五〇％でしたが、地面上に置いた場合は速やかに胞子の発芽能力が低下し、二月に入ると発芽能力のある胞子はほとんどなくなりました。一方、屋根の下に置き、雨が当たらないように保った場合は、二月になっても五～一〇％の発芽率を保持し、四月下旬になっても低率ではありましたが発芽能力がありました。

地面上と屋根の下の中間的条件である樹上に保った場合は、三月中旬までに発芽能力をほぼ失って、四月下旬の調査では、発芽率は〇～七％とサンプルにより違いが出ました。

●発病（落）葉の分生胞子は第一次伝染源になりえない

ではこれらが伝染源になるかどうか。

まず実際のナシ園で葉が継続して乾燥状態に保たれることは考えにくいこと、また、樹上の落葉病斑上の分生胞子が低率とはいえ発芽能力を保持できるとしても、そのような葉はふつうナシ園では見かけないことから、落葉病斑上の分生胞子が第一次伝染源になる可能性は皆無に近いと判断できます。防除上は無視してかまいません（現実には秋型病斑の罹病葉と、この発病葉とを区別して処理することはできないわけですが）。

表2-14　第一次伝染源の種類別黒星病発生程度の推移（1989年調査）

試験区	伝染源の種類	5月8日			5月24日		
		調査葉数	発病葉率（%）	発病度	調査葉数	発病葉率（%）	発病度
A	罹病落葉＋芽鱗片	873	19.9	4.8	948	26.7	8
B	罹病落葉	876	15.0	3.3	926	21.6	7.4
C	芽鱗片	545	1.6	0.3	640	2.8	1
D	無	775	0	0	813	0	0

8　第一次伝染源として叩くのは罹病落葉

黒星病の第一次伝染源としてより重要なのは、落葉上の春型病斑でなく、秋型病斑として越冬する罹病落葉のほうです。

第Ⅰ章1-3（16ページ）でも紹介した試験ですが、試験区を四つ用意し、それぞれ伝染源を、罹病落葉と芽鱗片病斑、罹病落葉だけ、芽鱗片病斑だけ、それと伝染源のない対照区に分け、四月から観察を始めました。

結果は、五月上旬の調査で二種類の伝染源を設置した区がもっとも多発し、落葉を伝染源とした区はそれに近い程度多発しました。芽鱗片病斑だけを伝染源とした区は非常に少ない発生で、当然ですが、対照区では発病しませんでした（表2-14）。

このことから、越冬した罹病落葉が第一次伝染源としてもっとも重要であり、芽鱗片病斑は、落葉からの伝染による発病を助長するような働きをしていると結論づけました。

ただし、前にも述べましたが、落葉内の偽子のう殻内に形成される子のう胞子は一度しかつくられませんが、分生胞子は芽鱗片病斑（それに基づく新梢基部病斑）上で六月中旬まで何度も形成され、それらが第一次伝染源として機能し続けます。芽鱗片病斑を第一次伝染源として軽んずることはできません（図2-10）。

9　黒星病の発生生態のまとめ

以上、黒星病の発生生態と発生の条件を紹介してきましたが、まとめると図2-11のようになります。

①第一次伝染

南関東を標準にすると、落葉からの子のう胞子の飛散は暖冬の年には三月下旬から始まり、第一次伝染が開始します。飛散のピークは四月下旬ですが、それを決定づけるのは降雨です。そして、子のう胞子の飛散は五月下旬までに収束します。

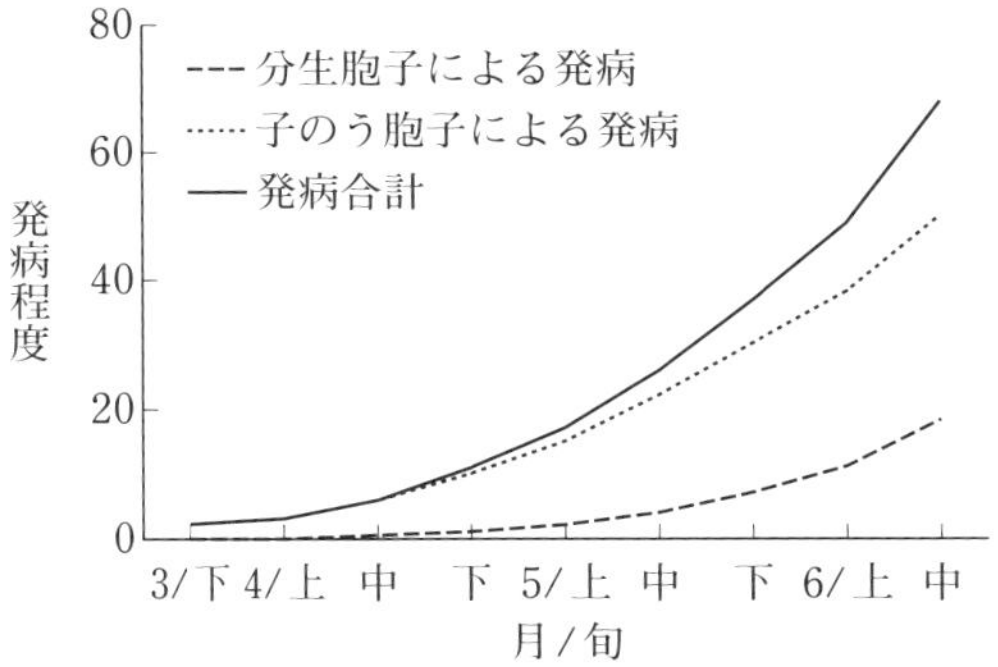

図2-10　子のう胞子と分生子を伝染源とする黒星病の発生経過モデル

一方、芽鱗片病斑からの分生胞子の飛散は開花直前から始まり、六月中旬まで続きます。分生胞子の飛散にも水湿が必要で、やはり降雨で病斑が濡れると分生胞子はくり返し伝染します（図2-12）。

②第二次伝染

ひとたび第一次伝染に基づく病斑が出現すると、その上にはおびただしい数の分生胞子がつくられ、それらは雨ごとに辺り一面に飛散し、第二次伝染を繰り返します。この第二次伝染は秋まで続きます。

③果実感染

果実感染についてはこのあと「なぜか異なる品種別感受性」（60ページ）で詳しく触れますが、幼果期と肥大後期とに分けて考える必要があります。

幼果期には、その後果実に黒星病がほとんど発生しない新高や豊水などでも容易に感染し発病します。この果実発病を引き起こす黒星病菌はどこから飛散してくるのか、大いに興味のあるところです。幼果での潜伏期間は最短一〇日程度ですが、典型的な病斑に進展するには一一～一五日程度要することから、多くは落葉から飛散した子のう胞子による感染と考えられます。

一方、肥大後期の発病が問題となるのは現在の主要品種のうちでは幸水だけです。幸水果実は、幼果期には他品種と同様に非常に感受性が高く、よく発病します。しかし、五月下旬に向かって徐々に感受性が低くなり、約一〇日ほど感受性の低い状態が維持されますが、その後六月中旬から感受性は徐々に高くなり、ピークは七月上～中旬です（図2-13）。

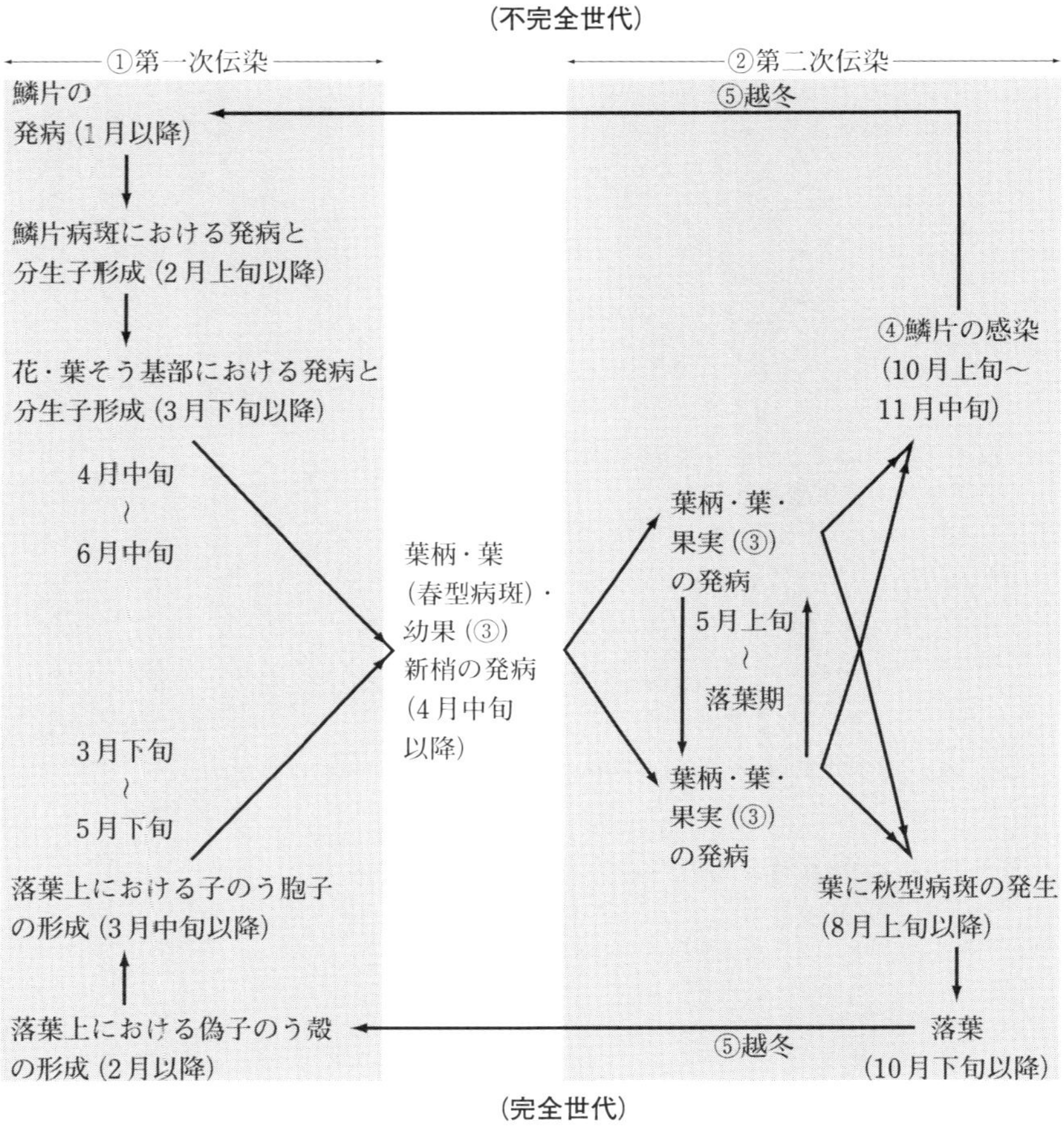

図2-11　ニホンナシ黒星病菌の生活史(南関東を標準)
①～⑤の数字は本文解説と対応

④芽鱗片感染

芽鱗片への感染は秋季におきます。感染の対象は腋花芽で、その生組織部位が感染部分です。芽鱗片生組織部分が確認できるのは花芽がある程度充実してくる、十月上旬以降です。

感染時期に関する試験結果から、主な感染時期は十月中旬～十一月中旬と判断されていますが、近年は地球温暖化に伴う落葉時期の遅れが目につく状況ですので、主感染時期は十一月下旬までずれ込んでいる可能性が高いようです。

⑤越冬

黒星病菌の越冬は、落葉内とおもに腋花芽ですが、

図2-12　分生胞子の飛散は開花直前頃から，雨が降れば黒星病は広がる

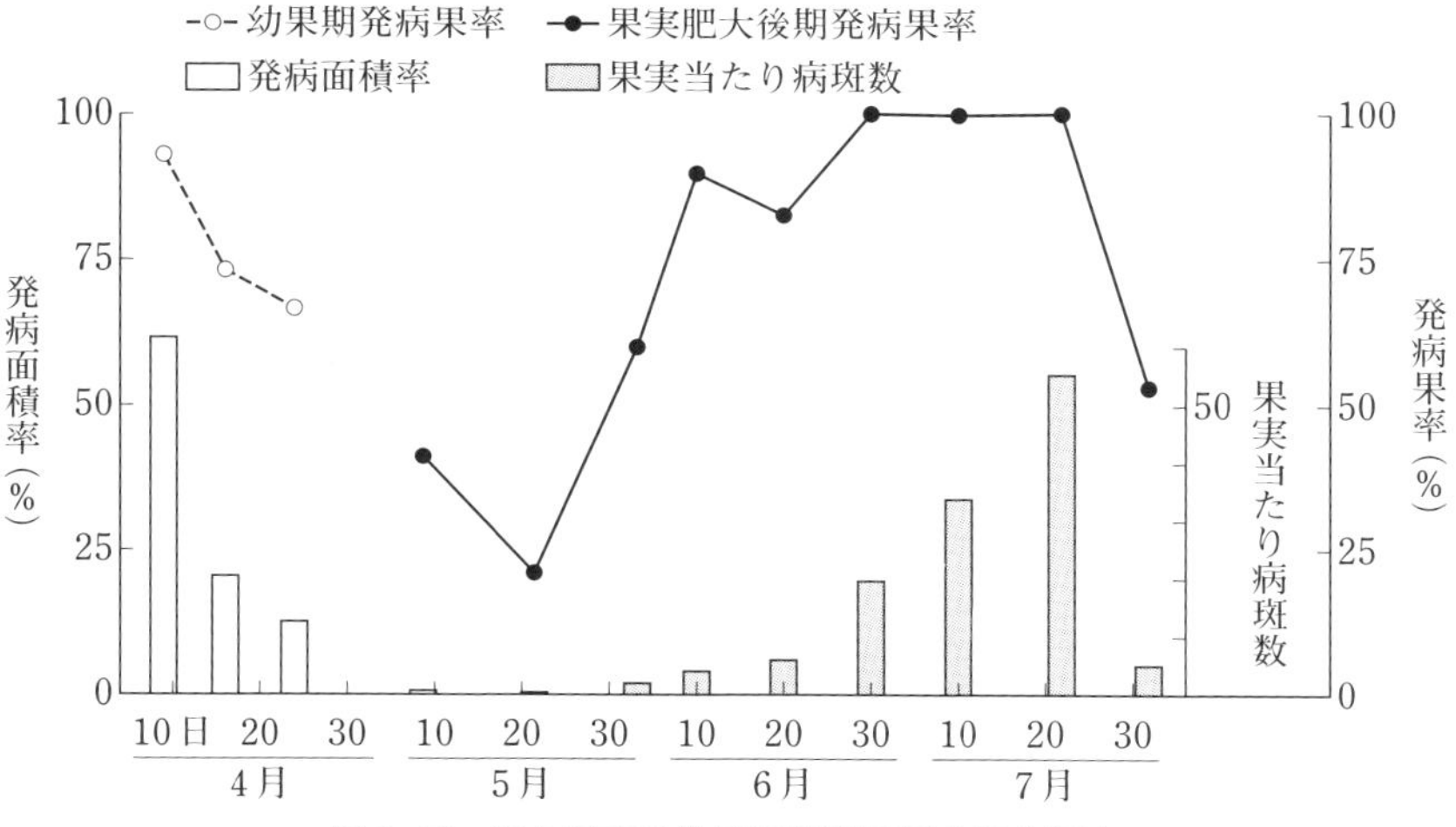

図2-13　幸水果実の生育時期別黒星病発生程度

その鱗片内です。これらで越冬すると、晩冬または早春には落葉では子のう胞子、芽鱗片では分生胞子がつくられ、それらの飛散により第一次伝染が行なわれます。

10 豊水の課題

最近、豊水では短果枝花芽や葉芽の鱗片に黒星病が発生し、これが第一次伝染源になっている例をしばしば見かけます。農家からも、いつ感染するのか、どのように防除すればよいのかと質問を受けます。しかし、今のところこれに答えるデータを知りません。残された課題といえます。

2 黒星病菌、得意な条件、苦手な環境

一通り黒星病の発生生態を見てきましたが、黒星病がより発生しやすい条件や環境というのがあります。より発病しやすい、より伝染しやすい条件、環境です。これらは裏を返せば、黒星病を上手に押さえ込むための情報になります。

ここではそんな黒星病菌に勝手をさせない条件などを整理してみます。

1 チッソが多いと発生しやすい！

樹が若いときはよかった枝の伸びが、樹齢を増すにつれて樹勢が低下し、なかなか思うようにならないことがあります。それを補おうとしてチッソ肥料を多めに与える傾向がありますが、このことが黒星病の発生に大きく関わります。

チッソの施用量が少ないと出現する病斑は小さく、病斑上につくられる胞子の量も少ないのに、施用量が多くなるにつれて発病が激しくなることを確かめたのが次の試験です。

ナシの年間のチッソ施用量は土質によっても違ってきますが、おおよそ一〇アール当たり成分量で二〇kgです。これを、無施用（0N）～標準量の五倍（5N）まで設定し、鉢栽培でナシ樹を管理しました。対照は基準施用量を長年施してきた火山灰土の畑にある

果樹園地です。この園地の葉中チッソ含量は二・六八～二・六九％（表2–15）、これに相当する試験区のチッソ施用量は五～一〇kgになります。

そこで、黒星病菌の人工接種を行ない発病葉率、発病度および分生胞子の形成程度を調べてみたところ、施用チッソ量が一〇kgを超えるとそれらの数値は劇的に激しくなることが確かめられました（表2–16）。これは、ナシ園にチッソ成分で二〇kgをわずかに超える程度施用する場合に相当します。一般に、チッソ肥料を多く施すと病気は発生しやすいと言われます。黒星病でもこのことはよく当てはまります。

2 海に近いナシ地帯で発生が多いのはなぜ?

千葉県では、太平洋岸の長生郡一宮町や夷隅郡岬町のナシ園で毎年のように黒星病が多発生しています。なぜでしょうか?

表2–15 チッソ肥料[1]の施用量とナシ葉中のチッソ含有量（%）

施用チッソ量	3[2]	7	11
0N[3]	1.71	1.9	1.83
1/4N	2.26	2.57	2.43
1/2N	2.87	3.27	3.20
1N	3.12	3.23	2.88
2N	2.83	3.12	2.78
3N	3.21	3.08	3.28
4N	2.81	3.35	3.29
5N	3.12	3.54	3.88
果樹園地	2.68	2.69	2.69

注 1）チッソ肥料について基準施肥量で栽培しているナシ園

2）3，7，11は葉位

3）Nは火山灰土の基準施肥量であるチッソ成分20kg /10aのことである

なお，0N（チッソゼロ）でも成分量が示されているのは，樹体内に蓄えられた栄養分と思われる

表2–16 チッソ肥料[1]の施用量と黒星病の発病葉率，発病度および分生胞子形成程度

施用チッソ量	発病葉率（%）	発病度	分生胞子形成程度
0N[2]	49.3	39.9	4.5
1/4N	50.0	38.8	8.0
1/2N	50.7	71.0	6.9
1N	89.9	71.0	24.6
2N	81.2	64.9	22.8
3N	62.7	51.9	18.7
4N	73.2	57.6	19.2
5N	92.9	70.2	41.1

注 1）チッソ肥料について鉢で栽培しているナシ樹

2）Nは火山灰土の基準施肥量であるチッソ成分20kg /10aのことである

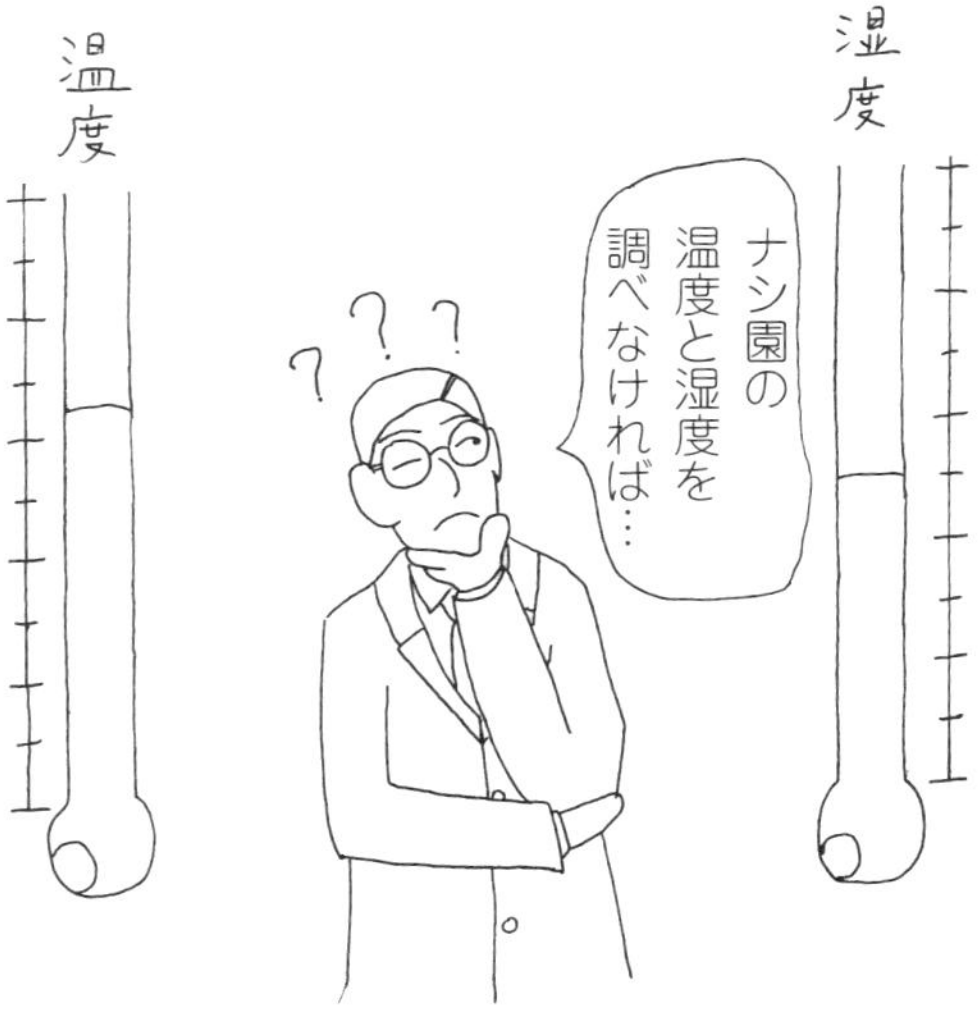

図2–14　黒星病の発生予察では温度と濡れの把握が重要

答えは葉の濡れ時間の長さにあります。

千葉県が開発した「梨病害防除ナビゲーション」という気象情報を計測し、その情報をもとにパソコンで黒星病の発生程度を予測するシステムがあります（巻末で紹介）。これで一宮町や岬町のナシ園を調べてみると、葉が濡れていると判断される時間が内陸部の千葉県白井市や鎌ヶ谷市のナシ園に比べて明らかに長くなっていました。黒星病は葉の濡れている時間が長く、比較的低温である一五～二〇℃の条件で多発しやすい特性があります。海岸線に近いナシ園は内陸部に比べて葉の濡れ時間が長く、そのために黒星病が発生しやすくなっていたのです。

同じことは、たとえば福島県の浜通りにあるナシ園は中通りにあるナシ園に比べて多発しやすく、九州の山間部はしばしば霧が出て、葉が乾くまでに時間がかかるために多発しやすい環境にあるといえます（図2–14）。

3　葉の濡れ時間、温度と発病程度

●ミルズのテーブル

リンゴ黒星病の発生程度と気温および葉の濡れ時間との関係を調べた「ミルズのテーブル」と呼ばれる有名なデータがあります。それによると、発病を引き起こす最短の濡れ時間は七～八時間で、濡れ時間が長くなると発病は顕著に激しくなります。

●ナシではどうか？

ナシ黒星病については、これまでミルズのテーブルに該当するようなデータはなかったのですが、著者が試験をしてみたところ、黒星病の最適発病温度である一五～二〇℃に保っても濡れ時間が九時間未満なら発病しないことがわかりました（注）。ところが九時間程度濡れ状態に保つと、一五℃でやや発病し、一〇℃と二〇℃でほんのわずか発病しました。

九時間よりも三時間長い一二時間になると発病ははるかに激しくなり、五～二五℃でも発病、二〇℃でもっとも多発し、一五℃でも二〇℃にやや近い程度多発しました。ただし、三〇℃では発病しませんでした。

これが濡れ時間二四時間になるとさらに多発し、二〇℃でもっとも激しく、次いで一五℃でしたが、一〇℃でも一五℃に近い程度多発しました。しかし三〇℃では発病は微程度でした。濡れ状態三六時間になると、二四時間濡れ状態を保った場合とほぼ同様な傾向でしたが、発病程度は少し激しくなりました(図2-15、表2-17)。

(注) チュウゴクナシで行なった他の研究者たちの結果では、黒星病菌が葉に侵入するために必要とする最短の濡れ時間は二二℃下で七時間というデータもあります。

●ミルズのテーブルともよく合致

このナシ黒星病のデータをまとめた図と、ミルズのそれを重ねてみると驚

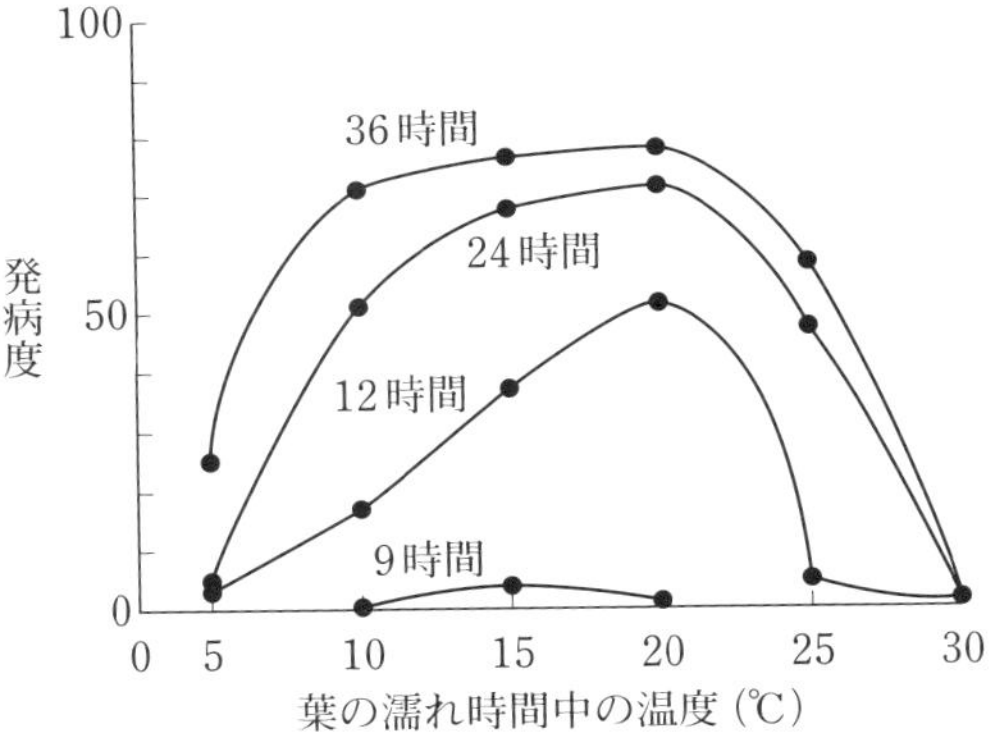

図2-15 ナシ黒星病菌分生子の葉への接種後の温度および濡れ保持期間と発病程度
図中の時間は葉の濡れ時間

表2-17 ナシ黒星病菌分生子接種後の保湿時間とナシ葉への侵入経過[1)]

保湿時間	分生子の発芽		発芽の進行程度	付着器の形成	ナシ葉への侵入[2)]
	調査数	発芽率(%)			
0	47	0	—	—	—
3	50	0	—	—	—
6	50	2	おもに発芽寸前	—	—
9	53	35.8	発芽管はやや伸張	やや低率に形成	10%未満
12	55	80	発芽管は良く伸張	かなり高率に形成	25%程度
24	50	98	発芽管は良く伸張	高率に形成	50%以上
48	62	77.4	発芽管は良く伸張	高率に形成	80%以上

注 1)室温20℃下での試験
2)発芽した胞子についての調査結果

くほどよく合致し、両黒星病菌の宿主への感染において、温度と濡れ時間に支配される発病程度との関係はほぼ同じであることがわかりました。つまり、病原菌としての性質は非常に似ているということです。

ここで得られた結果は、前述した「梨病害防除ナビゲーション」システムの基本データベースとして活用されています。

4 栽培法と発生程度——なぜ幸水と豊水は黒星病が発生しやすいか?

●ショウガ芽とめくら芽

ナシの花芽維持では品種により大きな違いがあります。二十世紀や新高、それに最近の品種ではにっこりや王秋などは、一度花芽がつくられると、その場所に毎年花芽がつくられる性質が強い、いわゆる短果枝花芽の維持しやすい品種です。短果枝に複数花芽が着いた状態は「ショウガ芽」と呼ばれています(写真2-8左)。このような品種では、剪定時に花芽の維持のことはまったく意識をする必要がなく、むしろショウガ芽を一花芽に整理する必要さえあります。

これに対し全国でもっとも多く栽培されている幸水は花芽の維持が難しい品種です。幸水では花芽があった場所に翌年花芽がつくられ続ける年数は短く、実を着け始めて数年で花芽がつくられなくなる、すなわち「めくら(盲)芽」になりやすい性質が強いのです(写真2-8右)。

この対策として幸水では、剪定時に結果枝の脇に予備枝をおき、育てるようにしています。ここから伸びた長果枝には腋花芽が高率に着くので、これを結果枝として利用するためです。こうして幸水では古い枝を更新して、果実を成らせています。幸水の場合、やっかいなのはこの腋花芽利用にあります。

●腋花芽利用がネックに

腋花芽の鱗片は黒星病に罹りやすく、発病して第一次伝染源となります。長果枝を使う幸水は栽培的に黒星病に侵されやすいのです。

一方の豊水は、短果枝花芽がやや維持されやすいので、幸水ほどではありませんが、やはり一定の割合で結果枝の更新を行なう必要があり、腋花芽が侵されることになります。また豊水の場合、最近は短果枝の花芽や葉芽にも感染し、発病するケースも認められ、問題になっています。

写真2-8　ショウガ芽（左）とめくら（盲）芽（右）

写真2-9　意図的に短く剪定した長果枝

●芽鱗片感染の秋に防除

花芽確保で予備枝を利用する幸水や豊水では、芽鱗片感染に対する防除が必要です。

具体的には第Ⅲ章で紹介しますが、46ページで紹介したとおり腋花芽の鱗片に黒星病菌が感染するのは秋なので、この時期に感染を防ぐ「秋季防除」が重要になってきます。また、更新枝の耕種的な対策として、もったいないのですが、枝の先端部分を長めに切り落とすことも有効です（写真2-9）。

3 なぜか異なる品種別感受性

1 黒星病に強い品種、弱い品種

ナシの各品種が遺伝的にどの程度黒星病に強いか、入手できた穂木二三品種を接ぎ木して得た苗を隔離圃場に植え、黒星病に効果のある農薬は原則として使用せず、葉に発生する黒星病の発生程度（春型病斑）を調査しました。

①黒星病が発生しなかった品種

発病が認められなかったのは巾着、祇園、新興、晩三吉でした。この試験には供しませんでしたが、最近注目の豊華はこのグループに入ることが確認されています。

②黒星病が微～中程度発生する品種

二十世紀、八雲、新高、多摩、君塚早生、八君などでした。最近の品種では、王秋、にっこりやあきづきも圃場での観察からこのグループに入るものと判断しています。

③黒星病が激発した品種

激発したのは豊水、幸水、八幸、独逸、翠星、長十郎、新星でした。現在の主要品種である幸水や豊水が激発グループに入っているため、厄介です。（表2－18）。

以上の中にはもう栽培されていない品種（祇園、君塚早生、八君や独逸など）もありますが、これら古い品種も育種素材となっている場合があり、現在の品種の耐病性を推測するうえでは重要です。

2 日本で初めての複合病害抵抗性ナシ品種、豊華《ゆたか》

ナシの地上部に発生する病気として、黒星病と黒斑病に加えて赤星病が三大病害と久しく言われてきました。赤星病防除には、その後DMI剤が特効的に効くことから、防除にあまり苦労しなくなりました。黒斑病は、特効薬とされたポリオキシン剤が早々と耐性菌問題を生じたりして、防除に苦慮した時期もありましたが、二十世紀から耐病性品種のゴールド二十世紀が育成され、黒斑病の防除は非常に容易になりました。ところが本書の主役、黒

星病は、DMI剤が特効薬とされつつも、発病が始まるとこの薬剤を散布しても病勢を抑えることは至難の業です。

　豊華は、紅梨（ホンリー）というチュウゴクナシに豊水を交配して育成された新品種です（写真2－10）。この品種の特徴は、なんといっても黒星病、黒斑病、そして豊水や新高で激発し全国的に問題となっている炭疽病に抵抗性であることです（写真2－11）。つまり、黒星病、黒斑病そして炭疽病の防除はまったく必要がない、まさに夢のようなナシ品種なのです（表2－19）。そして、火山灰土で栽培すると果肉はとても柔らかく、糖度は一二～一四％

表2-18　黒星病無防除管理下での黒星病春型病斑の発生程度

品種	調査葉数	発病葉率(%)	発病度
巾着	132	0	—
祇園	126	0	—
新興	132	0	—
晩三吉	79	0	—
二十世紀	132	3.1	1.2
八雲	111	3.9	1.4
新高	37	5.5	1.1
多摩	132	7.6	2.8
君塚早生	138	15.2	7.3
八君	135	15.3	4.4
新星	134	32.8	12.5
翠星	144	49.8	20.3
独逸	150	53.7	17.3
長十郎	130	62.3	26.0
幸水	132	58.4	33.8
八幸	132	64.4	35.4
豊水	132	72.8	31.3

注　供試品種の結果から抜粋した

表2-19　ナシ品種の黒星病発生程度

品種	調査葉数	発病葉率(%)	発病度
豊華	30	0	—
幸水	106	54.1	48.1
豊水	30	100	86.7
王秋	30	66.7	48

注　人工接種試験

写真2-11　豊水，新高などで激発している炭疽病

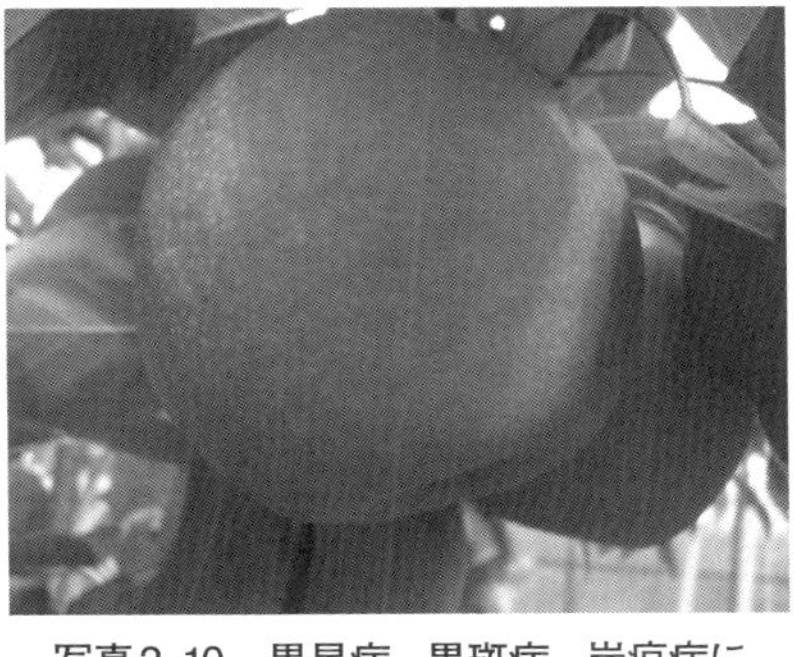

写真2-10　黒星病，黒斑病，炭疽病に抵抗性の期待の新品種豊華

となり、食味もいくらか酸味の効いた良質の味です。豊華はいくつかの種苗業者から苗木販売されています。

なお、わが国でナシの炭疽病菌として確認されている菌として、*Colletotrichum gloeosporioides* と *C. acutatum* の二種類が知られており、全国で主に発生しているのは *C. gloeosporioides* です。私たちが接種試験に用いた菌も *C. gloeosporioides* でした。

3 黒星病耐病性の遺伝

ところで、宿主であるナシの黒星病耐病性は、複数の独立した遺伝子が関与していると言われています。つまり、仮に抵抗性品種や耐病性品種が育成されれば（これがかなり難しいのですが仮にできれば）、その抵抗性が破られる可能性は低いことを示唆しています。

前述した豊華は、黒星病だけでなく黒斑病にも抵抗性で、さらに近年全国的に豊水や新高に大発生し、その防除が必要とされている *Colletotricum gloeosporioides* による炭疽病にも抵抗性です。まさに、日本初の複合抵抗性をもった夢の品種といえます。

〈古いナシの品種の意義〉

本文で紹介している巾着、独逸、翠星などは古い品種で、天の川、今村秋、赤穂、明月、青龍、武蔵、菊水、祇園、須磨、駒沢、新幸蔵、早生幸蔵、早生赤、太白、旭などが古い文献などにはよく出てきます。

巾着は、美味しいのでついつい財布の紐がゆるんでしまうということから名前が付けられたと聞いています。この品種は黒斑病には弱いものの黒星病に抵抗性であることから、研究や育種材料として今も利用されています。

天の川と今村秋は、晩生のナシとして栽培されている新高の親です。育種当時、天の川は主に新潟県で、今村秋は高知県で栽培されていたことから、新潟県の「新」と、高知県の「高」を取って新高と付けられました。菊水は美味しい味が捨てがたいことから、今でも自家用に一本程度残している農家があります。

以上のような古い品種で、ナシ品種の系統図に交配親として載っているのは、二十世紀、新幸蔵、独逸、太白、早生幸蔵、赤穂、今村秋などですが、もっとも多くの品種親となっているのは、千葉県で発見された偶然実生の二十世紀です。現在私たちが食べている多くのナシ品種には二十世紀の血が入っています（図2-16）。

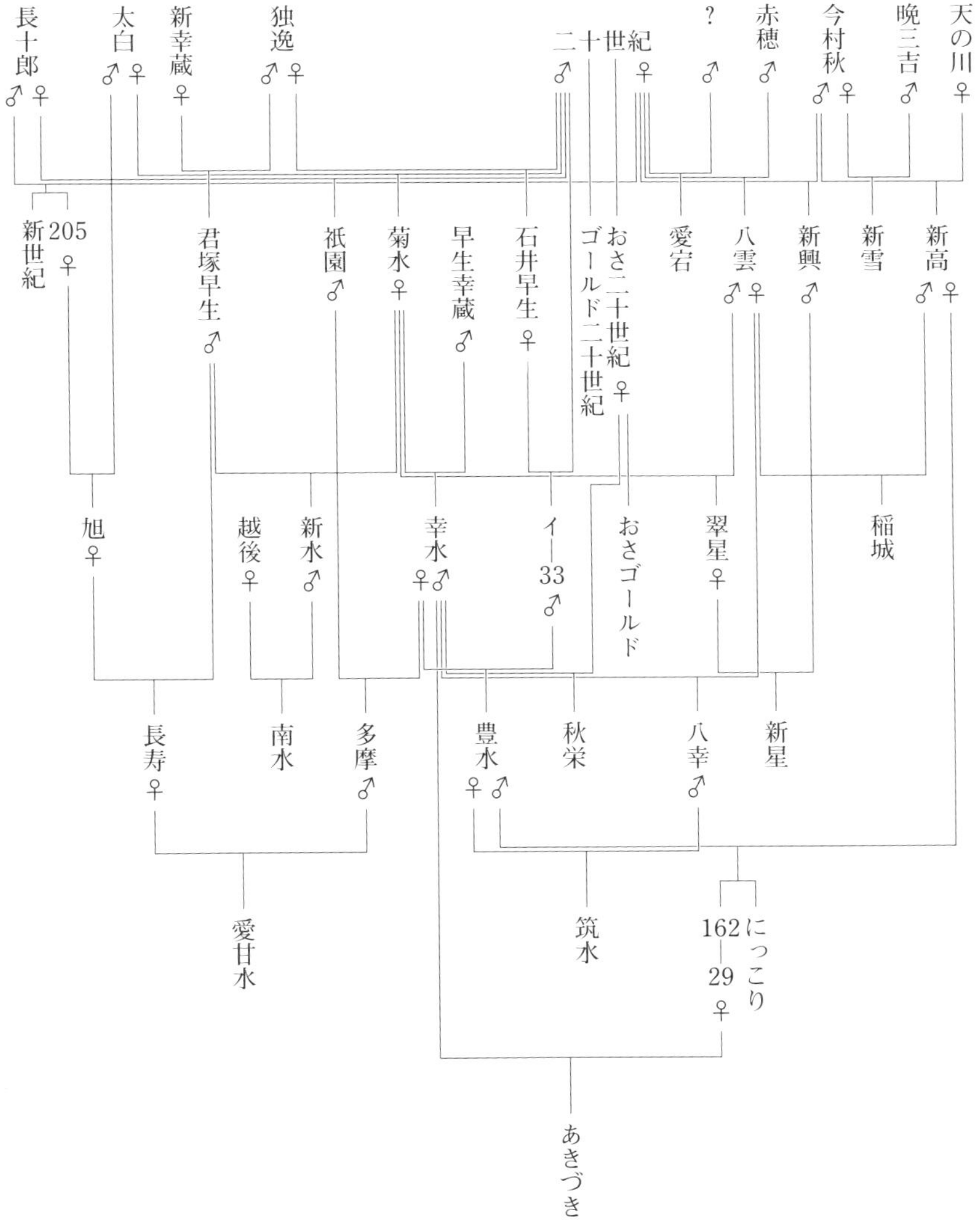

図2-16　ニホンナシ品種の系統図

4 生育ステージでも感受性は変わる!?

1 品種間差のない幼果期での発生

ナシの果実は生育時期により黒星病の発生程度が異なります。

まず、幼果期はナシ品種による発病程度にいくらか違いはあるもののその差は小さく、いずれも発病しやすいといえます。この時期に発生する病斑型は、発病面積率でしか表現できない、大きく広がったものです。

2 幼果期以降、幸水で爆発的に発生

幼果期を過ぎた五月下旬以降は、果実における黒星病の発生程度に品種間差が大きく、現在の栽培品種では幸水だけが発病しやすくなります（表２−20）。また、発生する病斑型は最終的に黒っぽい斑点となります。

3 幸水果実病斑の（時期別）変化

肥大後期、幸水の果色はわずかに淡い緑色をしています。そこに黒星病の病斑が出現すると、初期は輪郭のはっきりしない淡黄緑色を呈します。その後、日数の経過とともに病斑は大きく、少し凹んできて、徐々に黒っぽくなってきます。

さらに病斑が進展すると、病斑部分の凹みがはっきりとし、さらに黒くなります。病斑部が黒くなるのは、分生胞子のためでもありますが、病斑部分の表皮が渇変するためでもあります。また六月下旬～七月中旬に病斑が出現した果実は、その部分を起点として、しばしば裂果します（写真２−12）。

表2-20　主要品種の果実肥大後期における黒星病の発生程度

供試品種	接種月日	供試果数	発病果率（%）	1果当たり病斑数
幸水	6/19	30	86.7	22.4
	6/29	30	86.7	55.1
	7/8	29	79.3	13.6
	7/17	29	48.3	2.9
	7/29	29	3.4	0
	無接種	28	0	0
豊水	6/19	28	25	0.8
	6/29	26	38.5	0.5
	7/8	24	4.2	0.1
	7/17	29	3.4	0.1
	7/29	30	0	0
	無接種	30	0	0
長十郎	6/19	19	5.3	0.1
	6/29	19	0	0
	7/8	20	0	0
	7/17	19	0	0
	7/29	19	0	0
	無接種	20	0	0
新高	6/19	10	0	0
	6/29	10	0	0
	7/8	10	100	6.6
	7/17	10	90	6.5
	7/29	10	0	0
	無接種	20	0	0

注　ナシ黒星病菌分生胞子を果実に接種。品種別，時期別に発病程度を調査

写真2-12　幸水では病斑が進展するとしばしば裂果する

第Ⅲ章 こうして防ぐ黒星病

1 しつこい病気はもとから断つ！

1 やる・やらないで大違いの落葉処理

●落葉が怖い

晩秋から冬期のナシ園内にはそれこそ足の踏み場もないように落葉が散らばっています。この落葉はどうしたらよいのでしょう。すでに紹介したように、秋型病斑のある落葉には春になると黒星病の恐ろしい第一次伝染源である偽子のう殻がつくられ、その中に子のう胞子がつくられます。

●落葉からの子のう胞子による伝染の特徴

春、子のう胞子の伝染による発病の特徴は、ナシ園全体にまんべんなく黒星病が発生することと、摘果期にはすでに幼果に発病が見られることです。

まんべんなく黒星病が発生するのは、園内を子のう胞子が広範囲に飛散するためです。また、摘果期の幼果に発病が見られるのが、落葉上の子のう胞子によるものと判断するのは、芽鱗片病斑（新梢基部病斑）上につくられた分生胞子の飛散より子のう胞子の飛散のほうが早くから始まるためです。分生胞子の飛散は開花直前からやっと始まるので、摘果期の幼果にはっきりとした病斑が出現するには時間的に短すぎると判断されます（図3−1）。

●落葉が第一次伝染源だと発病が早く激しい

落葉を第一次伝染源とした場合と、芽鱗片病斑を第一次伝染源とした場合、それぞれの発病の仕方について調べたことがあります。

その結果、落葉を第一次伝染源とした場合のほうが発病が早く、その程度も明らかに激しいものでした（詳細は、第Ⅱ章①−8参照、50ページ）。

●鋤き込むか焼却処理

ではあらためて最初の問いですが、第一次伝染源として非常に問題のある落葉はどのように処分するのがよいのでしょうか？

晩秋から冬にかけてナシ園に入ると、落葉が周囲の生け垣下や防風網のところに吹き寄せられています。面倒ですがこれらの落葉はいったんナシ園側にかき出した後ロータリーを掛けるか、ハンマーナイフモアで葉を砕いた後ロータリーを掛けるのが一般的です。もっとていねいに行なう人は、落葉を集めて園外にもち出し、そこで焼却処分しています（図3－2）。

そのほか、落葉前に園内に溝を掘っておき、そこに自然に集まった落葉を埋めてしまう方法もあり、これは比較的簡易な処理法です。

こうした処理をどの程度やればよいか（ロータリーの耕深をどうするか？など）訊かれることがあります。これというデータはありませんが、私は、

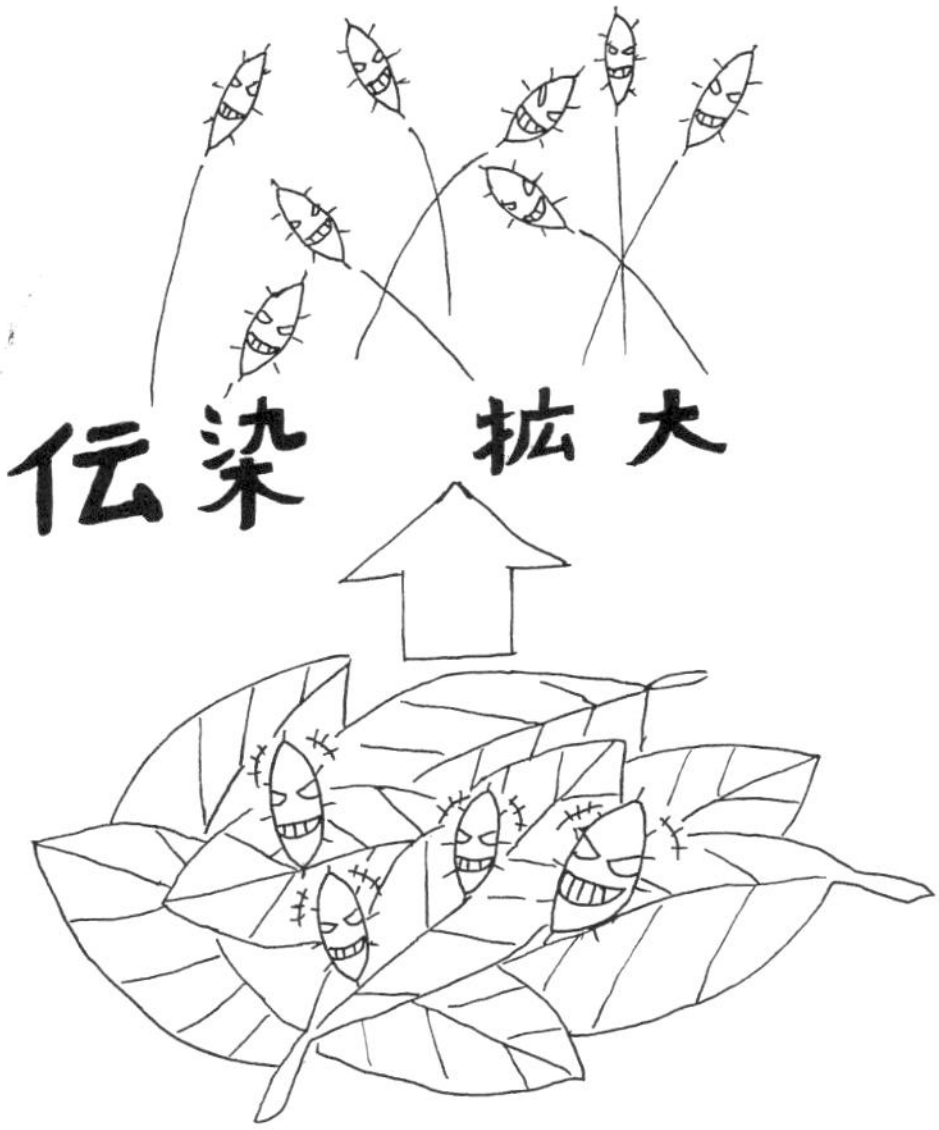

図3–1　落葉からの子のう胞子は重要な第一次伝染源

図3–2　落葉の処理は重要

実施すればそれなりの効果はあると答えています。

黒星病の発生要因としては、とにかく

①落ち葉の放置
②秋季防除の未実施
③芽鱗片脱落期から摘果初期までの薬剤防除の不徹底
④開花前から開花～二～三週間後における気象条件、すなわち降雨

がポイントで、これが総合的に関連しています。

どれがでなく、どれに対してもきちっと対応することが黒星病防除には有効なのです。

●尿素散布で腐熟促進!?

リンゴ黒星病の例で、イギリスでは落葉処理として落葉前に濃度五％の尿素液を散布して処理しているという論文を読んだことがあります。尿素液を散布した葉は春までに腐敗が進み、偽子のう殻の形成が大幅に抑制されたと紹介されていました。ナシではどうなのか、同じような試験をやったことがあります。

尿素液を散布した落葉には、病原菌ではない糸状菌（いわゆる雑菌性のカビ）や細菌が無処理の葉に比べて一〇倍程度増えていました。これらの微生物の繁殖により春頃までに葉はもろくなっていました。しかし、偽子のう殻の形成を大幅に抑えるほど落葉が腐ることはなく、効果は残念ながらほとんど認められませんでした。

千葉県は冬季には雨がほとんど降りません。そのため落葉は乾燥状態におかれ、腐敗も抑制されたのではないかと考えられます。もしこの試験が降雪地帯で行なわれていれば、気温は低いものの積雪により十分な湿度が与えられ、葉はぼろぼろになり、偽子のう殻形成も大幅に抑制された可能性があると考えています。

●満開一ヵ月後までは下草刈りしない

草生栽培で、除草のために下草刈りやロータリーを掛ける場合、満開一ヵ月後まではそのような作業を行なってはいけません。これをやると、黒星病の発生を助長します。雑草があると子のう胞子の飛散が抑えられると考えられるからです。雑草がなければ子のう胞子はより多く飛散するはずです。

満開一ヵ月後までは下草刈りは厳禁です。

2 これも大事、基部に発病した花（果）そう処理
——ただし開花直前までに

●芽鱗片の発病、伝染

黒星病の第一次伝染源のもう一つが、芽基部病斑です。芽鱗片で発病し、その病斑が広がって鱗片の基部、すなわち芽基部の病斑となります。私たちはこの状態で発病を見つけることが多いので、通常、芽基部病斑と呼んでいます。

この芽基部病斑から分生胞子が飛散し始める時期を把握することはとても重要です。芽鱗片に病斑ができるのは関東地方では早い場合、一月下旬です。そして、三月上旬には分生胞子の形成が始まります。しかし、なぜかわかりませんが、前にも述べたように芽鱗片や芽基部病斑上につくられた胞子は、開花直前にならなければ飛散していきません（表2-6参照、39ページ）。

●伝染源対策としての発病芽基部の切除

この伝染源の防除は、残念ながら浸透性がかなりあるとされるＤＭＩ剤でも、病斑を治癒させるほどの効果はありません。芽基部病斑の防除は基部から切除する耕種的方法しかないのです。このことにより、新梢と花芽が失われるわけですが、黒星病の防除のためには必ず実行しなければなりません。

切除のタイミングとしては、分生胞子の飛散前が好ましいのは明らかで、そのときまでに切除するのが理想です（表3-1）。ただ、農家もこの時期はとても忙しい。理想はあくまで開花直前までに切除することですが、それ以降でも発病を見つけたら切除すること

表3-1　ナシ黒星病発病花そう部を伝染源としてナシ苗の暴露期間と発生程度

試験区	ナシ苗の暴露期間		5月31日		
	暴露期間	ナシ苗の移動	調査葉数	発病葉率（%）	発病度
A	4/16 ～ 21	開花初期	132	1.5	0.3
B	4/16 ～ 27	開花終了期	288	25.0	10.7
C	4/16 ～ 5/4	開花終了7日後	222	36.5	17.4
D	4/16 ～ 5/13	開花終了14日後	200	22.5	7.1
E	無処理		216	0	―

注　試験は1988年に実施した

で、防除には大いに役立ちます。

●芽基部感染は秋季防除で防ぐ

発病芽基部はその基部から切除するしか対処のしようがありませんが、黒星病菌が芽鱗片に感染するのを防ぐ方法はあります。「秋季防除」というやり方ですが、具体的な方法については次の[2]節から説明します。

3 耕種的な対応も

●結果枝間隔は最低四〇cm以上

皆さんのナシ園は枝が込み合っていませんか。枝が込み合っていると、

・雨後の水滴が乾きにくくなる、
・霧が発生すると葉などが濡れやすくなる、
・長く濡れた状態が続く、
・光線が遮られ、葉の厚みが薄くて弱々しくな

写真3−1　結果枝間隔は最低40cmは開ける

図3−3　昔の篤農家の防除技術，棚をゆすってから散布する

ったり、緑色が淡くなったりする、
・散布した薬液がかかりにくい、

など、黒星病の発生に好適な条件をつくり出します。そうしないために、剪定では結果枝間隔を少なくとも四〇cmは取り、見た目にゆったりとした樹姿になるように管理することです（写真3−1）。

●昔やっていた棚ゆすりは合理的な方法

現在、ナシの黒星病防除に使われている殺菌剤は種類も多く、効果は昔使われていた殺菌剤に比べると総じて高いものになっています。仮にナシ生産者の一世代を四〇年とすると、一世代前に使われていた殺菌剤はほぼすべて予防剤でした。この予防剤を、黒星病の重要な防除時期である四月に効果的に使うため、かつての篤農家は散布前に棚をゆすり、花芽の鱗片を落としたと聞いています。場所を移動しながらの作業でしたが、一、二度ゆするだけで結構落ちます。

じつはこの方法はとても理にかなっていて、発病芽基部が第一次伝染源であること、その鱗片はそのままでは脱落しにくいこと、そこで鱗片を人為的に脱落させて芽基部に薬剤が届くようにすることで、薬剤の効果を高めるようにしていたと思われます。この方法は、治療効果を併せもったＤＭＩ剤など、現在の黒星病防除の中心となっている殺菌剤の使用においても有効な方法です（図3−3）。

〈子もち花の処理、葉芽を残すか残さないか〉

通常の花そう部は果実を着ける部分（本花）と新梢を伸ばす部分（葉部）が一体になっています。これに対し、葉部にも花芽分化が起きている花そうがあり、これを子もち花と呼んでいます（写真3−2）。幸水や豊水、二十世紀で発生しやすく、樹の老化とか前年の夏が乾燥年であった場合にも子もち花が発生しやすくなると言われています。

問題は、本来葉芽であるべきところにできた花芽の処理です。子もち花に実を着けると果実そのものは大きくなりますが、品質は悪く、何らかの方法で子もち花を処分する必要があるのです。

S県では、子もち花はその基部から取り除き、本花に実を着けるように指導しています。これは子もち花処理が短時間で行なえるのでいいのですが、本来、葉芽となる部分が一緒に取り除かれてしまうので、収穫果実は小さくなったり、翌年の花芽が少なくなったりします。

千葉県では、子もち花の蕾だけを取り除き、葉芽を温存するように指導しています。それなりの手間はかかりますが葉芽の部分を残すので、果そう葉を確保できます。また、幸水の特性として花そう部は三～四年経過すると花芽を着けなくなる、いわゆるめくら芽になりやすいのですが、この方式では花芽の維持は比較的高くなります（写真3－3、表3－2）。

子もち花の処理は必ず行なわなければならない作業です。どちらの方式を選ぶかは、手間との相談で、栽培面積が適度で人手の確保ができる場合には千葉県方式がお勧めです。逆に、面積が大きく人手の確保が難しい場合はS県方式でもよいでしょう。

なお、以上の結果は、表層腐植質火山灰土地帯におけるナシ栽培での結論ですが、全国のいろいろな土質でも参考になると思います。

写真3－2　葉部も花芽分化を起こしている子もち花

写真3－3　葉芽を残して子もち花を処理
花芽の維持，果実品質アップに有利

表3－2　子もち花の処理方法と展葉花そう率および花芽分化率

試験区	処理方法	調査数	展葉花そう率（%）	花芽分化率（%）
A	蕾のみを手で除去	30	70	56
B	蕾を葉とともに鋏で切除	30	86	43
C	子もち花花そうを切除	26	50	26

注　調査は秋に行なった

2 薬はいつ、どのタイミングで使う？

1 芽鱗片病斑の防除（秋季防除）

黒星病防除のポイントは、一つは一次伝染源の罹病落葉を徹底的に片付け、胞子飛散を防ぐこと。もう一つが、前年のうちに芽鱗片への秋感染を防ぐことです。この秋の感染を防ぐ防除法が「秋季防除」です。

●芽鱗片生組織部分をねらう

黒星病の芽鱗片病斑はおもに腋花芽鱗片に発病したものです。長果枝における花芽分化は七月頃から始まり、その後、芽は徐々に充実してゆきます。九月頃の腋花芽はまだすらりと細い状態をしており、生理的に老化し、枯死した芽鱗片で被われています。

ところが、芽が肥大を続けるのに伴い、十月上旬には枯死した鱗片では被いきれなくなり、枯死鱗片の合わせ目から生きている鱗片組織が覗くようになります。この部分が41ページで紹介した「生組織部分」です。ここに黒星病菌が感染します。

秋季防除は、この「芽鱗片生組織部分」が見え始めた頃が防除の開始適期です。もちろん、防除対象となるのもこの芽鱗片の生組織部分です。

●予防剤を十月中旬から三回散布

関東地方では、防除を始める時期は三回散布であれば十月中旬になります。

防除に使用する殺菌剤は、オーソサイド水和剤80やオキシラン水和剤のような予防剤が好ましく、治療効果もあるマネージDFやスコア顆粒水和剤などのDMI剤、ストロビードライフロアブルなどのストロビルリン系薬剤（QoI阻害剤）はけっして使ってはいけません。なぜなら、秋季防除で治療効果のある薬剤を使い、菌が生き残ると、これらは耐性菌である可能性が高く、それらが胞子をつくり、春から伝染していくと短時間で耐性菌がはびこる心配があるためです。

薬剤耐性は、今後黒星病を防除していくうえで十分注意して扱わなければいけない問題です。

なお、秋季防除における予防剤の効

果では、殺菌剤の種類による違いはほとんどないようです。

●量を多くして、薬液が枝を流れるように散布する

「秋季防除」の薬剤散布方法についてスプリンクラー散布とSS（スピードスプレーヤ）散布で検討したことがあります。当時スプリンクラー散布は、散布液量がSS散布の三〜四倍必要だったため、濃度は通常の二〜三倍薄い薬液を散布していました。ところが防除効果では、むしろスプリンクラー散布のほうが高い結果が出ました。

芽鱗片にたどり着く胞子は、雨水とともに枝を流れ下ってくると考えられます（第Ⅱ章[1]–4参照、42ページ）。スプリンクラーで散布した薬液もこの胞子を含んだ雨水と同じ経路を流れ下る結果、真に防除をしなければならない場所に薬液が届き、高い防除効果が得られたのであろうと考えました。これが正しいなら「秋季防除」はSSによる散布であろうと散布薬量をいつもより多くし、薬液が枝を流れ下るようにするのが好ましいといえます（写真3–4）。

写真3–4　秋季防除ではSS散布でも薬液が枝を流れるくらい量をたっぷりかける

表3–3　秋季防除における殺菌剤の散布間隔[1]と予防効果（1976年）

供試薬剤	希釈倍数	花そうの発病程度					
		7日		10日		15日	
		調査芽数	発病率（%）	調査芽数	発病率（%）	調査芽数	発病率（%）
オキシラン水和剤	600	100	0	65	0	32	0
オーソサイド水和剤80	800	34	1.6	36	0	62	0
ビスダイセン水和剤	1,000	119	1.7	83	1.2	107	2.8
キノンドー水和剤40	800	49	0	—	—	52	0
無散布	—	—	—	420[2]	10.2	—	—

注　1）最初の散布日は9月20日
　　2）散布間隔とは無関係

●一〇日間隔、落葉五〇%で最終散布

予防剤の散布による秋季防除では、散布間隔は約一〇日、最終散布は落葉が五〇%終了した時点とします。

秋季防除は、使用する殺菌剤による効果の差より防除時期が重要で、遅くまで散布することがポイントです（表3-3）。

2 休眠期防除は可能か？

果樹の病害防除の基本は休眠期防除にあるとされています。果樹は永年性作物で、休眠期に薬剤散布すれば越冬する伝染源などを一網打尽にできると考えられているためです。黒星病の場合はどうでしょうか。

●芽鱗片病斑が対象になるが…

すでに見てきたように、黒星病の第一次伝染源は二種類（伝染ルートが二通りという意味）。そのうちもっとも重視しなければならないのは落葉ですが、これは休眠期防除の対象にはなりません。対象になるのは、もう一つの芽鱗片病斑への薬剤防除です。

芽鱗片病斑は鱗片基部にまで病斑が進展し、芽基部病斑へと進展することもすでに説明しました。

●効果はもう一つ、大きな期待はもてない

しかし、芽鱗片病斑を対象とした休眠期薬剤防除による効果はもう一つです。というより、ほとんど効果なしといったほうがよいかもしれません。著者が試験で用いたのは、当時休眠期防除でもっとも信頼できる薬剤のクロン加用石灰硫黄合剤でしたが、これをもってしても効果は不十分で、病斑上には無散布区と比べて差がないほど多量に分生胞子がつくられ、がっかりしたことを覚えています（写真3-5）。

仮に、今後休眠期防除で芽鱗片病斑を治癒させられるような殺菌剤が開発されたとしても、耐性菌対策上、ここで使用することはためらってしまいます。

こうしたことから、黒星病に対して

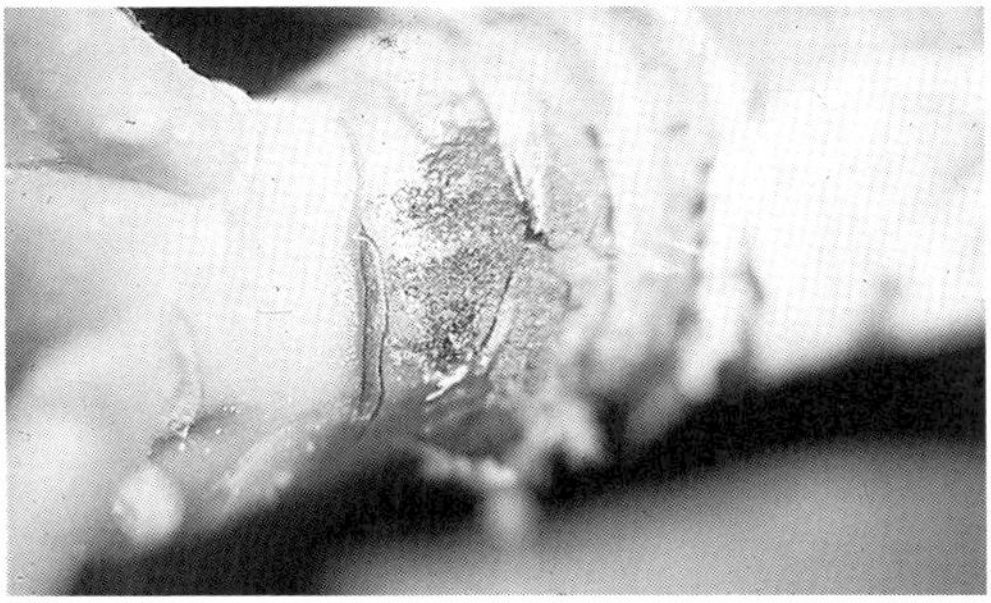

写真3-5　クロン加用石灰硫黄合剤散布後に形成された芽基部の胞子

は休眠期防除に大きな期待をかけるのは難しいといえます。

3 生育期の防除

ナシ樹の生育期、落葉上につくられる子のう胞子は開花約二週間前から満開約一ヵ月後まで、雨ごとに飛散します。一方、芽鱗片病斑上につくられる分生胞子は、開花直前から満開約二ヵ月後までやはり雨ごとに飛散します。

葉や果実への防除は、このことを意識して薬剤散布しますが、具体的には月別の防除の項（第Ⅲ章5－4参照、97ページ）で説明します。

3 果実、葉の防除

1 幼果の防除

幼果の防除は、葉との同時防除になります。

開花直前にDMI剤（マネージDFを選択）を予防剤と混用散布します。さらに、開花約一〇日後にDMI剤（スコア顆粒水和剤を選択）を予防剤と混用して散布します。その約一〇日後を目安に、心腐れ症の防除を兼ねて有機硫黄系薬剤（チオノックフロアブルなど）、さらにその一〇日後にアリエッティ水和剤を散布します。

2 肥大後期の防除（とくに幸水）

●とくに重要な幸水果実の防除

幸水果実では黒星病の防除がとくに重要です。幸水の果実は肥大後期になるとまた黒星病に侵されやすくなるからです。

●幸水果実は肥大後期にも防除を

開花から二～三週間後までの幼果は、品種を問わず黒星病に侵されやすいことがわかっています。黒星病菌に対する品種固有の特性（感受性）がまだ発揮されていないからです。この時期を過ぎると各品種の感受性に違いが現われてきます。

侵されやすい品種の代表が幸水で、豊水もやや侵されやすいです。しかし、幸水と豊水でも大きな違いがあります。豊水は新高など他の品種と比べてやや発病しやすい程度なのに対し、幸水は侵されやすさが果実の発育時期で劇的に変化するからです。

つまり、幼果の時期は非常に発病しやすく、五月下旬に向かって次第に発病しにくくなります。この状態が六月中旬まで続いた後、六月中旬から七月中旬にかけてふたたび、しかも徐々に侵されやすくなるのです（図2-13参照、53ページ）。

幸水の栽培ではこの黒星病の感受性の違いをおさえて、いかに上手に防除するかがとても重要です。

なお、幸水の感染最盛期は収穫二～三週間前の七月上～中旬ですが、この時期はまた輪紋病の防除にとっても重要です。同時防除を考えてください。

●防除時期、薬剤

以上を踏まえた薬剤散布は、残効期間を考慮して六月中旬、同下旬、七月上旬そして七月中旬となります。

薬剤としては、六月中旬はフロンサイドSC、下旬はストロビードライフロアブル（オーソサイド水和剤80の混用）、七月上旬はインダーフロアブル（ベルクートフロアブルの混用）、そして七月中旬にはナリアＷＤＧの散布がお勧めです（図3-4）。

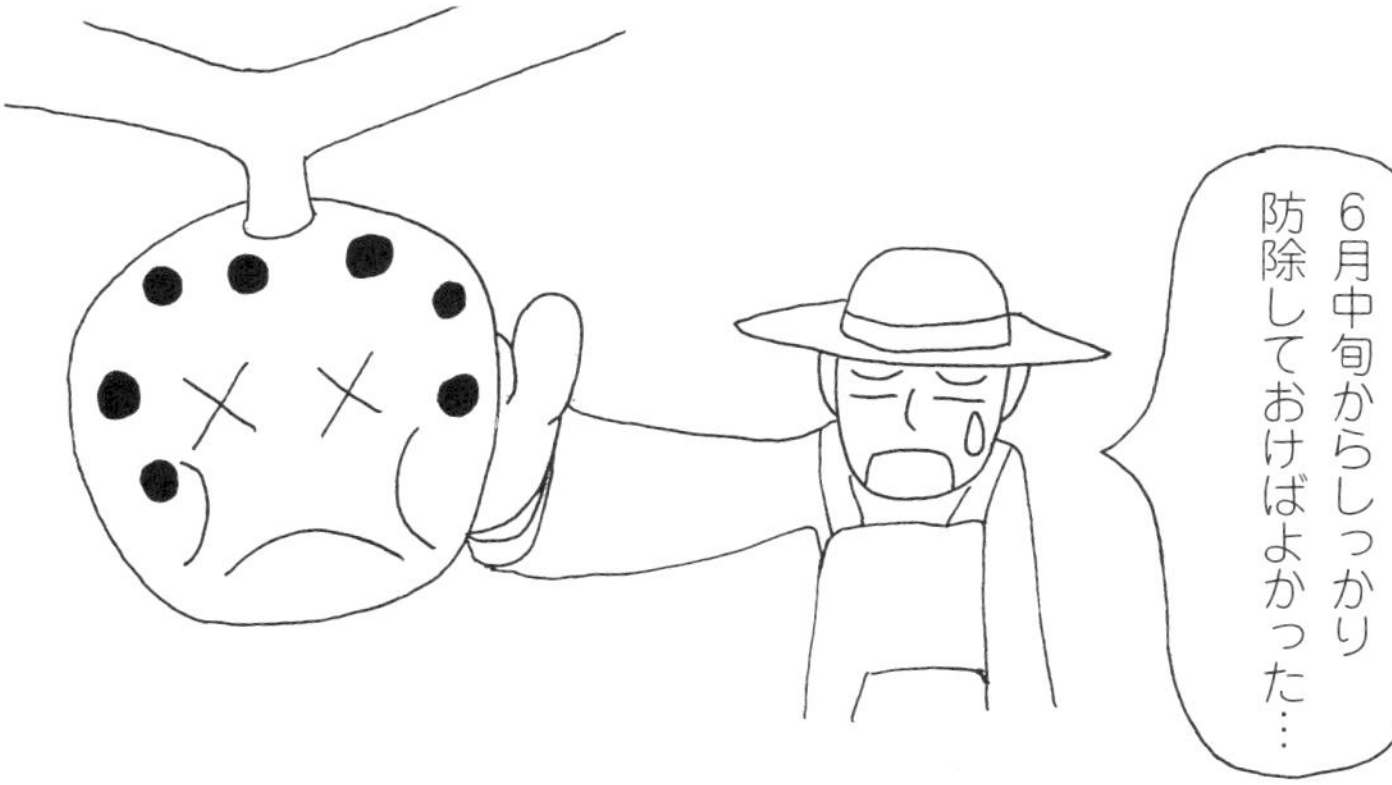
6月中旬からしっかり
防除しておけばよかった…

図3-4　幸水では収穫の3～4週間前からの果実への防除が大事

4 薬剤の推定残効期間

1 推定残効期間

黒星病防除に使用する殺菌剤はどの程度効果が続くのか、つまり残効期間がどれくらいあるのかということは防除上とても重要な情報です。しかしこれを調べた試験の例はほとんど見かけません。そこで、三〇年以上になる著者の防除試験などの結果をもとに、多くの薬剤について残効期間を推定してみました。

なお、葉と果実では同じ薬剤でも試験の結果に大きな違いがあるので、区別しています。また、葉での残効期間を推定する場合、葉齢が問題となってきます。すなわち、ナシの葉は展葉後からの時間の経過（エイジング＝葉齢の進行といいます）とともに、黒星病菌に罹りにくくなっていきます（第Ⅰ章4-4参照、24ページ）。薬剤本来の効果と葉のエイジングに伴う黒星病菌に罹りにくくなる性質を踏まえて、残効期間を推定してみました。

2 葉の防除における推定残効期間

●予防剤では

表3-4に示したように、多くの予防剤の残効期間は七～一〇日間程度ですが、ベルクートフロアブルは例外的に約一二日間と長くなっています。最近は予防剤の新剤が出ていませんが、仮に出てきたとしても、その残効期間は七～一〇日間程度であろうと思われます。

表3-4　予防剤の葉の黒星病に対する効果程度と推定される残効期間

薬剤の種類	効果の程度（指数）	推定される残効期間（日）
ベルクートフロアブル	70	12
キノンドーフロアブル	50	7
オーソサイド水和剤80	55	9
デランフロアブル	50	9
オキシラン水和剤	60	9

注　指数は大きいほうが効果が高いことを意味する

●治療効果を併せもった薬剤では

耐性菌の発生に伴う薬剤の効果低下はないことが前提ですが、治療効果を併せもつ薬剤の残効は一般にとても長いです（表3－5）。DMI剤では一八日間、ストロビルリン系薬剤でも一〇～一二日間程度の残効があります。ただ、薬剤の残効は長くても、その期間に新たに展葉してきた葉には散布されていないので、無防備の状態にあることに注意しなければなりません。実際の防除にあたっては薬剤の残効だけに頼って散布時期を決定せず、葉の展葉速度のことも十分考慮して判断する必要があります。

表3-5　治療効果を有する薬剤の葉の黒星病に対する効果程度と推定される残効期間

薬剤の種類	効果の程度（指数）	推定される残効期間（日）
マネージDF	100	18
スコア顆粒水和剤	100	18
アンビルフロアブル	100	18
インダーフロアブル	100	18
アミスター10フロアブル	80	12
ストロビードライフロアブル	70	12

注　指数は大きいほうが効果が高いことを意味する

3 果実の防除における残効期間

●試験方法

果実に対する薬剤の防除効果を明らかにするために、次のような接種試験を新たに考案しました。

簡単にいうと、着果を確認した幼果に二十世紀で使う小袋、さらに果実の肥大に伴って大袋を掛けておき、果実の黒星病菌に対する感受性がもっとも高くなる七月上旬に、分生胞子の接種を行なうというものです。具体的には、接種菌濃度を約1×10^5個／mlに調整した黒星病菌分生胞子液をハンドスプレーで各果実に噴霧した後、ただちに袋を掛けました。

薬剤の予防効果を見る場合には接種前に散布し、治療効果を見る場合は接種後に散布を行ないました。

●予防剤の残効期間

①予防効果

予防剤の散布による防除効果は、葉に対する防除効果に比べてかなり短くなりました。試験に使ったオーソサイド水和剤80、オキシラン水和剤、有機銅剤そしてベルクート水和剤の防除効果はある程度認められましたが、残効期間はせいぜい三～五日間と推定しました。

表3-6　予防剤の幸水果実黒星病に対する効果程度と推定される残効期間

薬剤の種類	効果の程度（指数）	推定される残効期間（日）
オーソサイド水和剤80	30	7
オキシラン水和剤	30	7
キノンドー水和剤40	20	5
ベルクート水和剤	30	7
フロンサイドSC	20	5

注　指数は大きいほうが効果が高いこと意味する
　　残効期間は，予防効果と治療効果の合計

②治療効果

一方、治療効果も見るため、接種二日後に予防効果試験に使ったのと同じ薬剤を散布したところ、発病果率は薬剤間による違いはなかったものの、一果実当たりに発生する病斑数はオーソサイド水和剤80、オキシラン水和剤、ベルクート水和剤で明らかに少なく、一定の効果がありました。果実表面にたどり着いた黒星病菌が果皮を突き破って中に侵入するまでに、葉の場合に比べ多少長くかかるようです。その間に薬剤が散布されると、予防剤といえども防除効果が発揮されるのであろうと考えました。

それでも予防剤の治療的残効期間は二～三日程度と推定しました。なお、表3-6に示した推定残効期間は、予防と治療の両効果を合計した日数です。

●治療効果をもつ剤の残効期間

①予防効果もある

治療効果をもつマネージ水和剤、スコア水和剤10、アンビルフロアブル、インダーフロアブル、トリフミン水和剤、ラリー水和剤それにサルバトーレME液剤の、予防効果を調べてみました。治療効果を併せもったこれらの薬剤の予防効果はかなり高く、また残効期間も長いことが確認されました。しかし同じ薬剤でも、葉の黒星病に対する残効期間と比べると、果実における残効期間は明らかに短いことに注意が必要です。

接種五日前の散布による防除効果はあまり高くなく、それらの中ではアンビルフロアブル、インダーフロアブル、スコア水和剤10は一果実当たりに発生する病斑数が比較的少なかったことから、効果がやや高いという結果でした。

接種二日前の散布では、アンビルフロアブル、インダーフロアブル、スコア水和剤10、マネージ水和剤、ラリー水和剤、サルバトーレME液剤は一果実当たりに発生する病斑数が少なく、効果がかなり高く、ストロビードライフロアブルも高い結果が得られました（表3−7）。

②治療効果

次に同じ薬剤の治療効果を調べてみたところ、接種二日後と五日後の散布ではほとんど差はなく、一果実当たりの平均病斑数が一個以下であることから非常に効果が高いと判断された薬剤は、アンビルフロアブル、インダーフロアブル、スコア水和剤10（注）、マネージ水和剤、ラリー水和剤でした。そのほかのDMI剤の効果も高いことが期待されます（表3−8）。また、ストロビードライフロアブルも同様です。

なお、表3−7に示したアミスター10フロアブルとストロビードライフロアブルの数値は別途行なった試験結果を参考にしています。そして、予防効果期間と治療効果期間を合計した日数で示してあります。

（注）スコア水和剤10とマネージ水和剤は、現在（二〇一三年五月三十一日現在）スコア顆粒水和剤とマネージDFに剤型変更されています

表3−7　治療効果をもつ薬剤の果実の黒星病に対する効果程度と，推定される残効期間

薬剤の種類	効果の程度（指数）	推定される残効期間（日）
マネージ水和剤	60	11
スコア水和剤10	65	12
アンビルフロアブル	60	12
インダーフロアブル	65	12
トリフミン水和剤	35	8
ラリー水和剤	55	10
サルバトーレME液剤	60	12
アミスター10フロアブル	40	10
ストロビードライフロアブル	55	10

注　指数は大きいほうが効果が高いことを意味する

表3−8　ナシ黒星病に適用のあるDMI剤およびそれを主成分とする薬剤（商品名）

オーシャイン水和剤，トリフミン水和剤，ルビゲン水和剤，スコア顆粒水和剤，インダーフロアブル，アンビルフロアブル，マネージDF，ラリー水和剤，オンリーワンフロアブル，サルバトーレME液剤，サンリット水和剤，オキサシン水和剤，ルミライト水和剤，スペックス水和剤，アスパイア水和剤

注　DMI剤の作用機構は，細胞膜のステロール生合成阻害（C14脱メチル化阻害）で，耐性菌発生の危険性は中

が、その効果にはほとんど違いがないか、さらに高いと判断しています。

4 果実の黒星病に卓効！ ストロビードライフロアブル

防除試験でストロビードライフロアブルを幸水果実の肥大後期に使ったことがあります。結果は、本剤の予防および治療効果はアンビルフロアブルとほぼ同等で高いものでした。

本剤の防除効果は葉の黒星病に対してDMI剤ほど高くは評価されていません。それが果実の黒星病に対しては高い効果を発揮し、とても新鮮な驚きを感じました。

5 まだ効く薬、効かなくなった薬、効かなくなりそうな薬？

●薬剤耐性菌が発生するわけ

殺菌剤は予防剤と治療剤に分けられます。

予防剤の黒星病菌に対する作用は、黒星病菌の生命活動のいろいろな点を攻撃する機構となっています。このような性質の殺菌剤を「多作用点型」殺菌剤といいます。

一方、DMI剤もそうですが、最近開発された薬剤は、治療効果は高いものの病原菌に対する作用点は基本的に一ヵ所です。DMI剤の場合でいえば、黒星病菌の細胞を構成するステロール生合成過程の脱メチル化を阻害することで、殺菌効果を発揮します。このような薬剤は「単一作用点型」殺菌剤です（表3-8）。

ところで、ナシ園で黒星病が発生するとおびただしい数の胞子がつくられます。これらを薬剤で防除した場合、多くの菌がそれで殺される一方、生物の通性として突然変異を起こし、生き残る菌も出てきます。仮に一ヵ所の作用点が薬剤に効かなくなる突然変異菌の出現率を$1/10^9$（この確率は異常に高いはずですが）とすると、作用点を四ヵ所もっている薬剤の場合、薬剤が効かない黒星病菌の発生する可能性は$1/10^9 \times 1/10^9 \times 1/10^9 \times 1/10^9$、つまり$1/10^{36}$となり、限りなくゼロになります。作用点の多い殺菌剤を使用している限り、耐性菌の問題は生じないといえます。

しかし近年開発される殺菌剤は、ほぼすべて単一作用点型殺菌剤です。同じように薬剤が効かない突然変異菌の出現率を$1/10^9$とすると（実際は薬剤によって出現率に大きな違いがあるようですが）、単一作用点型殺菌剤を使用することによって殺菌効果の高い菌（野生型菌ともいいます）は淘汰され、殺菌効果の低い菌だけが選び出されるよう残ってしまいます。このようなことを繰り返すなかで耐性菌が生じ、薬剤、たとえばＤＭＩ剤を散布しても効果がない状態を生じるわけです。

黒星病の防除で薬剤耐性が問題となった顕著な例は、ベンレート水和剤やトップジンＭ水和剤による防除でした。これら二種類の薬剤はベンゾイミダゾール系という化合物のグループに分類され、病原菌に対する作用性も同じです。この結果、ベンレート水和剤の効果が落ちたナシ園では同時にトップジンＭ水和剤の効果も落ちてしまいました。いわゆる交差耐性の問題です（表３−９）。

表3-9　ベンゾイミダゾール系薬剤に対する感受性を異にする菌を対象にした防除効果

供試菌	ベンレート水和剤		発病葉率（%）	発病度	防除価[1]
	散布有	散布無			
高度耐性菌	○	—	36.8	27.9	0
	—	○	34.5	24.4	—
中等度耐性菌	○	—	20.0	11.2	46.4
	—	○	33.8	20.9	—
感受性菌	○	—	0	0	100
	—	○	24.0	18.4	—

注　1）発病度の数値から算出した

●耐性菌対策の基本

耐性菌対策の基本は、耐性菌の発生する可能性のある薬剤（これを当該薬剤とも呼んでいます）については、①年間の使用回数をきびしく制限する、②連続使用はしない、③耐性菌の発生がない予防剤との混用使用または交互散布を行なうことです。

果樹のような永年性作物の場合、翌年の第一次伝染源となる場所や休眠期などの散布では、耐性菌の発生する可能性が高い薬剤はけっして使用しないことです。

古い話ですが、ベンゾイミダゾール系薬剤の耐性菌が発生している園で、園主がそれを知らないまま当該薬剤のベンレート水和剤を散布したことがありました。その結果は見るも無惨で、殺菌剤を散布したにも関わらずまるで水を散布したかのように黒星病が激発してしまったのです。薬剤耐性菌の確認は薬剤防除において大変重要です。

●耐性菌の調べ方と対策
——その1　ベンゾイミダゾール系薬剤の場合

①発芽管隔膜法

　黒星病菌の場合、菌の分離から結果が出るまでに、一般的な耐性菌の検定方法では三週間以上というかなり長時間を必要とし、機動的ではありません。そこで、「発芽管隔膜法」というもっと簡易に検定できる方法を考案しました。

　やり方は、低濃度から高濃度まで二倍段階に薬剤を含んだ培地を用意し、その培地上に病斑上の胞子を白金耳（はっきんじ）などでなすりつけます（移植）。この場合、一病斑を一菌株とみなして作業を進めます。胞子を培地上になすりつけた後、一五℃で四八～七二時間培養、その後、光学顕微鏡を使って胞子から発生している菌糸（発芽管）に隔膜ができているかどうかを調べます。

　隔膜ができていれば薬剤の影響はなく（つまり効果なし、耐性菌、写真3-6上）、隔膜ができていなければ効果があった（つまり効いた、感受性菌、写真3-6下）と判定します。結果は二～三日でわかります。

　ベンゾイミダゾール系薬剤は黒星病菌の菌糸の核分裂を阻害し、その結果隔膜形成を阻害することで殺菌効果を発揮します。この方法は、その形成の可否を観察することで判定するものです。

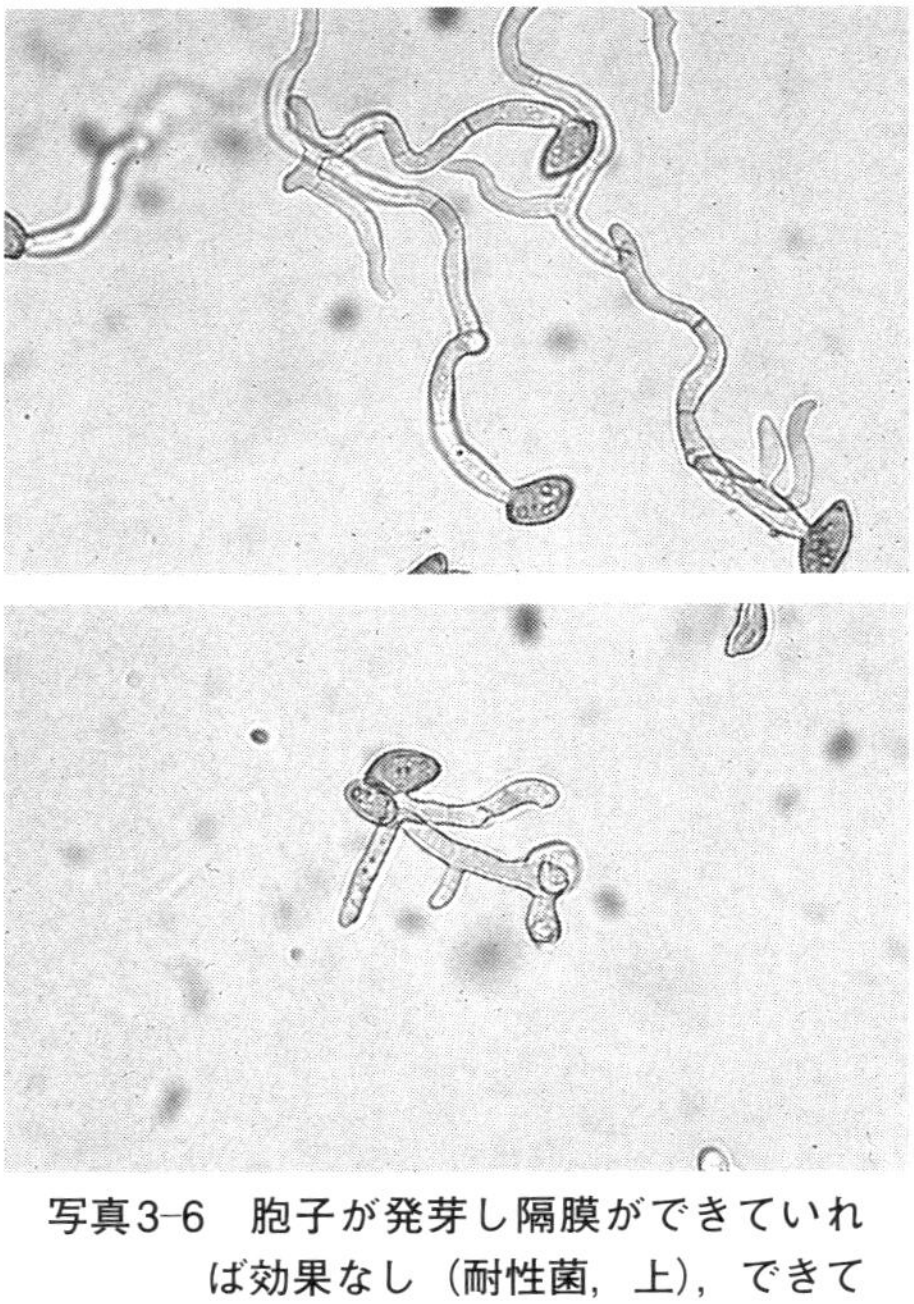

写真3-6　胞子が発芽し隔膜ができていれば効果なし（耐性菌，上），できていなければ効果あり（感受性菌，下）と判断

②おそらくもう使えない

　ベンゾイミダゾール系薬剤耐性菌の発生が問題になってから三五年以上経過しました。この間ほとんどベンゾイミダゾール系薬剤を使用していないので、薬剤がよく効く感受性菌と効かない耐性菌の動向は興味あるところです

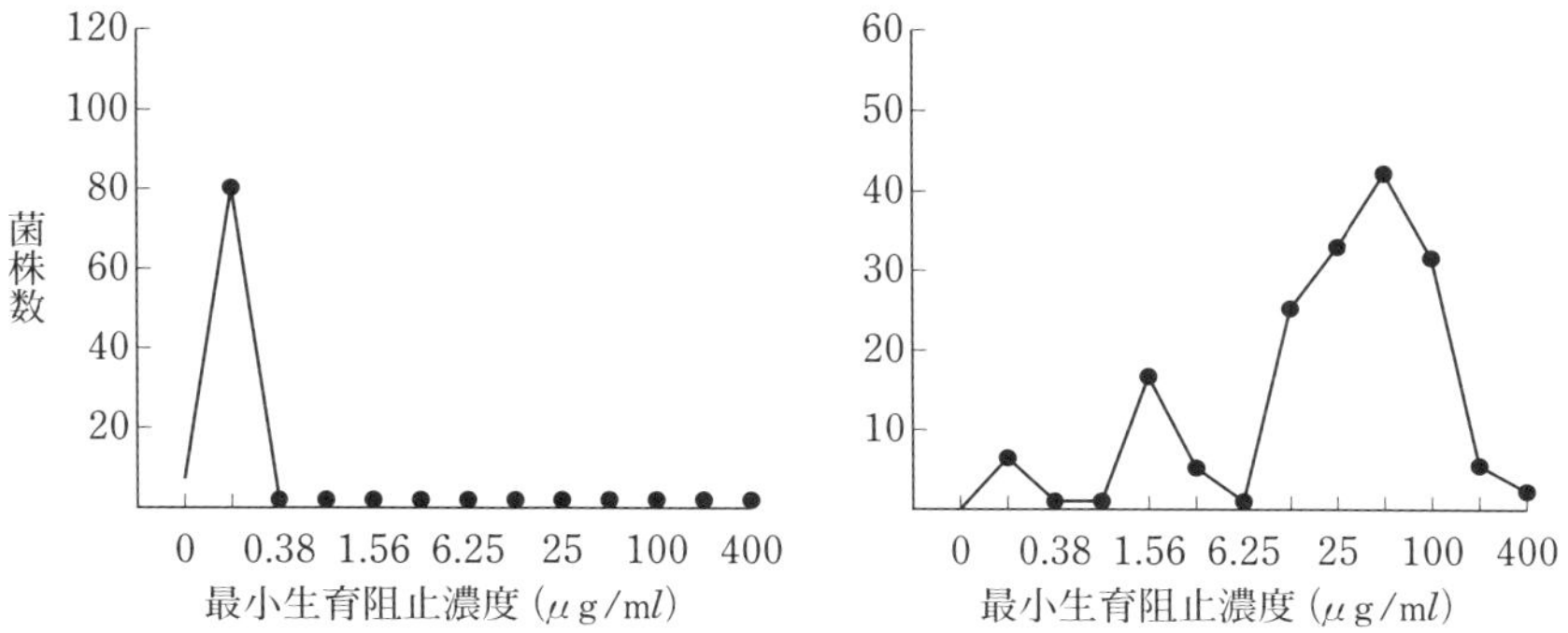

図3−5　ナシ黒星病菌のベンゾイミダゾール系薬剤に対する感受性の頻度分布

左：供試菌は1971年以来まったくベンゾイミダゾール系薬剤は使用されていない廃ナシ園で採取された菌

右：供試菌はベノミルおよびチオファネートメチル剤の効果が低いナシ園で採取された菌

が、最近の調査でも耐性菌の比率は高く、ベンゾイミダゾール系薬剤を使用していた頃とほとんど変わっていません。つまり、この耐性菌はナシ園内での環境適応性がとても高いというわけです（図3−5）。したがって、今後この系統の薬剤を黒星病防除に使用できるようになる可能性はおそらくないでしょう。

●耐性菌の調べ方と対策——その2　ステロール脱メチル化阻害（DMI）剤の場合

①検定は試験研究機関で

DMI剤の耐性菌検定はとてもやっかいです。調べたい菌は、ナシ園から採取してきた病斑上の菌か分離しておいた菌となります。ナシ園から採取してきた菌は病斑上に多数の分生胞子を形成しているので、それを使うことができますが、分離菌の場合は、培養しても分生胞子の形成は非常に悪いので、やっかいです。簡易には培養した菌糸をホモジナイザーで細かく切断し、これを接種源とします。分離菌に分生胞子を形成させる方法はやや実験的ですので、ここでは割愛します。

黒星病が発生しやすい豊水か幸水の苗木を用意し、これに調べようとするDMI剤の実用濃度液を散布し、乾燥後に調べようとする黒星病菌の胞子懸濁液を噴霧接種します。その後、湿度を保つためにポリエチレン製などの袋を被せ、二四～四八時間湿った状態に保ったあと袋を外し、通常の管理を行ないます。接種二～三週間後に発病調査を行ない、発病が認められればその菌は耐性菌と判定します（図3−6）。

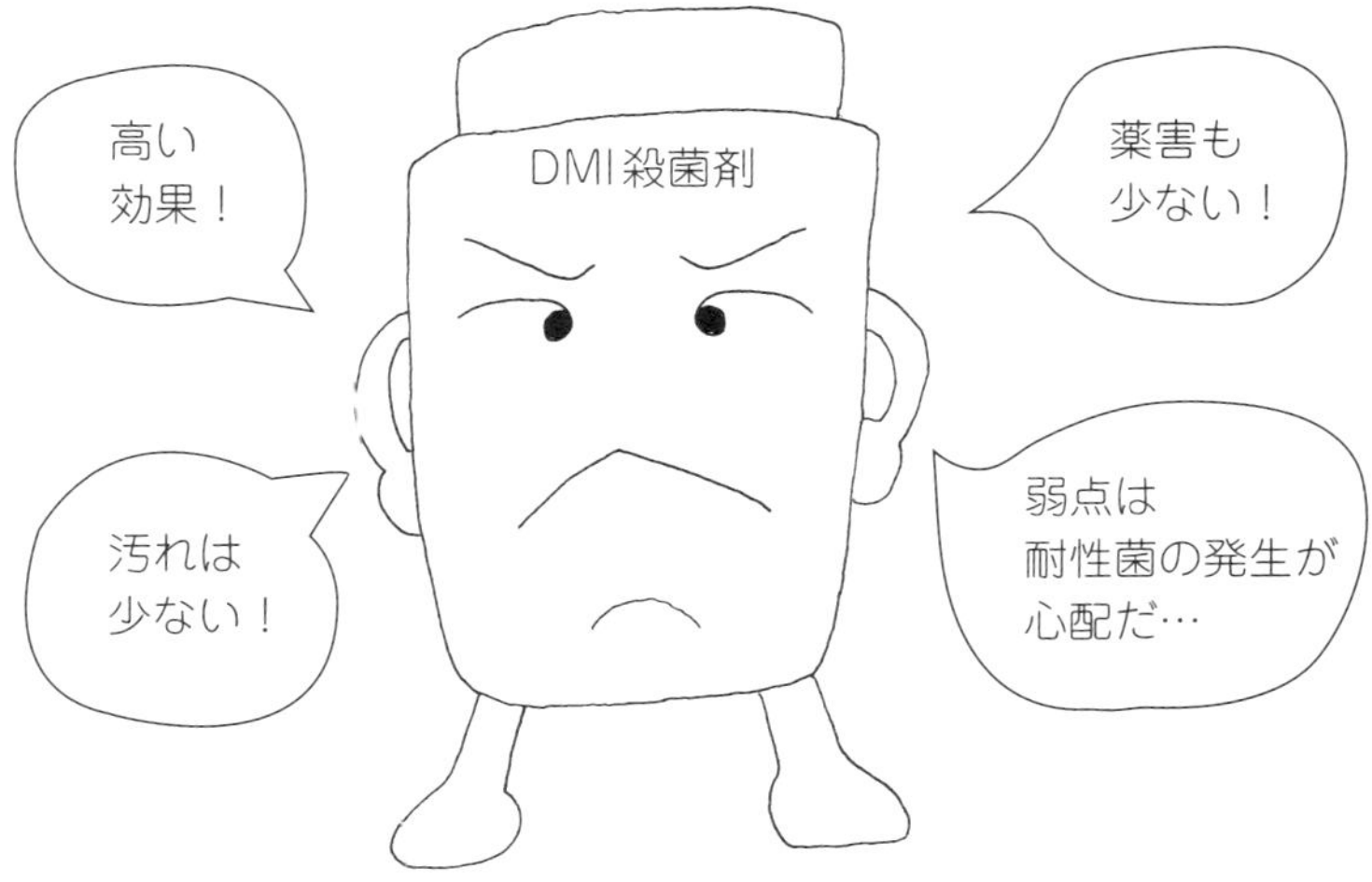

図3-6　DMI剤は耐性菌の発生が心配

この検定はとても重要な試験ですが、手間と時間、さらに苗木を使用するので試験研究機関でしか実行できないことを理解してほしいです。

②使用を控えると感受性復活!?

DMI剤耐性菌は、黒星病を効率的に防除したい栽培者にとってとても興味ある性質をもっているようです。試験的な裏付けは不十分ですが、DMI剤の使用を控えるとその効果が復活する、すなわち感受性が回復する可能性があるようです。これが事実であれば、朗報といえます。これからのDMI剤の使用方法として、

・年間の使用回数は三回程度に制限する、
・連用はしない、
・予防剤と混用するか交互散布する、
・効果が落ちてきたら思い切って数年間使用を中止する、

などの対策が考えられます。

●今後、耐性菌の発生が心配される薬剤は

ベンゾイミダゾール系薬剤以外で薬剤耐性が問題となりつつある、または非常に心配される薬剤グループとして、マネージDF、スコア顆粒水和剤、インダーフロアブルなどのステロール脱メチル化阻害（DMI）剤、ストロビードライフロアブルやアミスター10フロアブルなどのストロビルリン系薬剤（QoI剤）や、カンタスドライフロア

表3-10　ナシ黒星病に適用のあるおもな薬剤系統の耐性菌発生リスク

系統名	商品名	耐性菌発生のリスク	作用機構
SDHI殺菌剤（コハク酸脱水素酵素阻害剤）	カンタス（混合剤ナリアの1成分） アフェット	中〜 高い	呼吸阻害
QoI殺菌剤（Qo阻害剤）	アミスター ストロビー フリント（混合剤ナリアの1成分）	高い	呼吸阻害
酸化的リン酸化阻害 アニリノピリミジン系	フロンサイド ユニックス フルピカ	中 中	アミノ酸生合成阻害 蛋白質分泌阻害
ステロール生合成阻害剤（脱メチル化阻害剤）	オーシャイン トリフミン ルビゲン スコア インダー アンビル マネージ ラリー オンリーワン	中	細胞膜のステロール生合成阻害（C14脱メチル化阻害）
グアニジン	ベルクート	低い〜中	細胞膜機能阻害および脂質生合成阻害

注　日本植物病理学会殺菌剤耐性菌研究会作成の表を改変

ブル（ナリアＷＤＧの一成分）などのコハク酸脱水素酵素阻害剤があります。

すでにＤＭＩ剤は九州のある県で耐性菌が確認され、その他の県でも効果が甘くなっているとの農家の指摘が頻発しています。また、QoI剤はウリ類やイチゴのうどんこ病、キュウリやブドウの褐斑病、ブドウのべと病などで耐性菌の発生が全国的に問題となっており、耐性菌が発生しやすい薬剤とされています。そのために、黒星病菌でも耐性菌の発生が確認されるのは時間の問題であろうと心配しています。コハク酸脱水素酵素阻害剤も耐性菌が発生しやすい性質の薬剤グループとして心配されています（表3-10）。

今後開発される殺菌剤は、毒性や安全性の点から単一作用点型に絞られてきつつあります。単一作用点型殺菌剤は、耐性菌の発生を避けては通れません。新しく開発された殺菌剤の使用にあたっては、つねに耐性菌のことを意識しておく必要があります（表3-11）。

そのためにはまず、使用開始前に耐性菌が発生しやすい薬剤かどうかを、日本植物病理学会傘下の薬剤耐性菌研究会のシンポジュームなどの資料などでチェックしておくといいでしょう（ホームページは現在修復中で、近いうちに利用可能）。

6　防除効果を高める薬剤散布のポイント

●SSの走らせ方——散布は低圧力、各列走行で

動力噴霧器による散布作業に比べ、SS（スピードスプレーヤ）を使えば圧倒的に短い時間で散布を行なえます。しかし、SSによる散布作業で注意しなければいけないのは、まさにその高能率性です。

たとえば、SSは散布圧力を高めて一列おきに走行したほうがよいか、散布圧力を低めて各列走行をしたほうがよいのか、どちらだと思いますか？

佐賀果試で行なわれた試験の結果では、散布圧力を高めるとSSの直上位置にある葉は散布圧力で立ってしまい、葉表への薬液付着量は著しく劣るのに対し、圧力を低め（一・五MPa）て散布すると、そのようなことは避けられることがわかっています。このとき走行スピードは落とします。

SSは散布圧力を高めて一列おきに走行するより、散布圧力を下げ各列走行したほうが高い効果が得られます。ぜひ実施してみてください（表3-12）。

表3-11　わが国の登録薬剤における耐性菌発生事例の有無

作用機構による分類	耐性菌発生事例の有無
A. 核酸生合成の阻害	有
B. 有糸分裂および細胞分裂阻害	有
C. 呼吸阻害（電子伝達系阻害剤）	有
D. アミノ酸，タンパク質の生合成阻害	有
E. 信号伝達阻害	有
F. 脂質・膜生合成阻害	有
G. ステロール生合成阻害	有
H. グルカン合成阻害	有
I. メラニン合成阻害	有
M. マルチサイト作用点	無
P. 全身誘導抵抗性	無

注　著者の許諾を得て農林水産研究ジャーナル（2011）：34（11）から使用

●開花一週間前～満開一ヵ月は防除のカナメ

黒星病防除でもっとも注意深く防除しなければならない時期は、開花約一週間前から満開約一ヵ月後までです。

表3-12　スピードスプレーヤの走行方法の違いによる薬液付着程度と黒星病防除効果

試験区	走行法	散布液量（l）	調査部位	薬液付着程度（感水紙）		発病葉率（%）	発病果率（%）	散布時間（分/10a）
				葉表	葉裏			
A	1列おき	327	SS道真上	38	99	3.8	5.3	5.3
			SS道間	75	78	0.6	0.7	
B	全列	309	中央列	73	92	0.5	0.8	7.4
C	無散布	—	区全体	—	—	13.3	20.7	—

注　著者の許諾を得て植物防疫．62：291-293から引用
　　供試薬剤はスコア顆粒水和剤で，開花期と落弁期の2回散布した

この間は、薬剤散布を渋ってはいけません。散布回数を減らそうとして、この期間の回数を渋ると、その後どんなにていねいに薬剤散布をしても、効果は上がりません。不可能といってもよいくらいです。この期間は、どんなにていねいに、しかも薬剤散布回数を多くしてもやり過ぎることはないと心得ておいてください。

●やたら混用散布しない

果樹病害の防除では、しばしば殺菌剤と殺虫剤との混用、殺菌剤同士の混用または展着剤の加用が行なわれます。このような混用で果たして薬剤の効果はどのようになるのか、最近、これも佐賀果試で検討されました。

ナシ黒星病防除で混用したことによって主剤であるスコア水和剤10の防除効果が低下したのは、殺虫剤のアグロスリン水和剤（合ピレ剤）、殺菌剤のキノンドーフロアブルとの混用でした。

一方、スコア水和剤10とベルクート水和剤またはベルクートフロアブルとの混用では、効果は高まる傾向でした。

このように、混用する薬剤によって主剤とする殺菌剤の防除効果が低下する例が多く、同等またはやや高まる例は少ないようでした。今のところまだ試験例は少なく、この種の試験が今後も継続して行なわれることを期待しますが、いずれにせよ、栽培者はこのことに関心をもって防除に当たることを望みます（図3-7）。

●展着剤加用による効果アップは期待できない！

以前、展着剤加用の効果試験を行なったことがあります。試験条件として、散布間隔は通常よりやや長めの約一五

図3–7　農薬の混用は防除効果低下の原因となりやすい

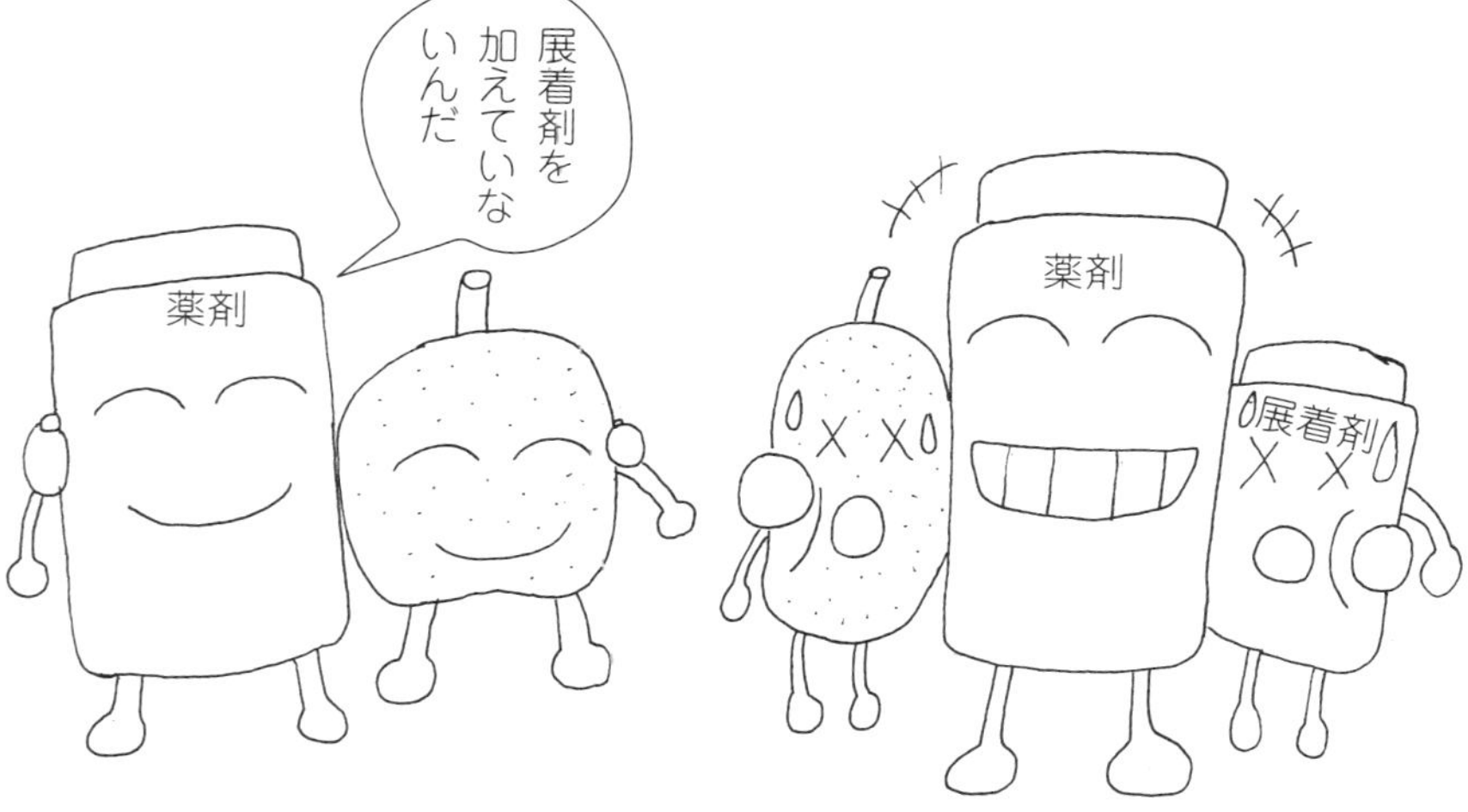

図3–8　展着剤を加用すると残効期間が短くなり効果も低くなる

日間でした。その結果、アビオンEなどの固着性の展着剤を除いてほぼすべてが殺菌剤の防除効果をむしろ低める結果となりました（図3―8）。

展着剤を加用しないほうが効果が高い要因については、ミカンで鋭意研究されています。

それによれば、散布した薬剤の付着量が防除効果に大きく影響し、ムラがあっても構わないのでできるだけ多量の薬剤を葉などにくっつけておくことが重要だとされています。たとえ散布ムラがあっても、その後の雨や霧などで葉が濡れて薬剤がそのムラを拡散して解消します。こうした理由で〝散布した薬剤の残効期間は長くなり、結果的に防除効果が高まる〟とのことです。

なお、散布間隔を短くして防除すれば、ここに挙げた例からは外れるかもしれませんが、頻繁な薬剤散布は、今日、栽培者からも消費者からも受け入れ難くなってきています。

●混用よりも近接散布

黒星病の防除に使われる殺菌剤で、治療効果があり効果が高いのがＤＭＩ剤やストロビルリン系剤です。しかし、これらを主剤として使う場合、耐性菌対策としての保護剤の使用法がポイントになります。

一般には、薬剤散布回数を削減するため主剤に保護剤を混用するように勧めています。しかし、先に見たとおり混用によって主剤の効果低下が心配される場合も少なくありません。そこで主剤の防除効果を確実に発揮させるため保護剤は混用せず、主剤を散布した三～五日後頃に別途に散布すべきと考えています。主剤の散布後の耐性菌による胞子形成が行なわれる前のタイミングで保護剤を散布し、耐性菌対策を行なうのです。

5 こうして防ぐ黒星病
——総合防除の実際

1 耕種的防除

黒星病の防除では可能な限り耕種的防除を行なうことが必須です（図3－9）。

具体的には、第一次伝染源の防除として、①落葉は春までに集めて処分します（焼くか埋める、もしくはロータリーを掛けて畑に埋め込む）、②芽鱗片病斑のある花（果）そうは開花直前頃から交配時期に基部から切除します（表3－1参照、71ページ）。なお、その後の作業中でも発病を見つけたら、そのつど切除します。

また、生育期の防除として、③六月下旬までは、葉の発病を見つけたらその葉は取り除くようにします。しかしその後は、果実肥大に影響するので葉つみを行なってはいけません。

黒星病の耕種的防除は、第一次伝染源の除去が主です。一方、薬剤散布による第一次伝染源の防除では、秋季防除はかなり有効ですが、春からの防除は不可能かもしくは非常に効果が低いです。このことからも、春からの耕種的防除には非常に大きな意味があります。

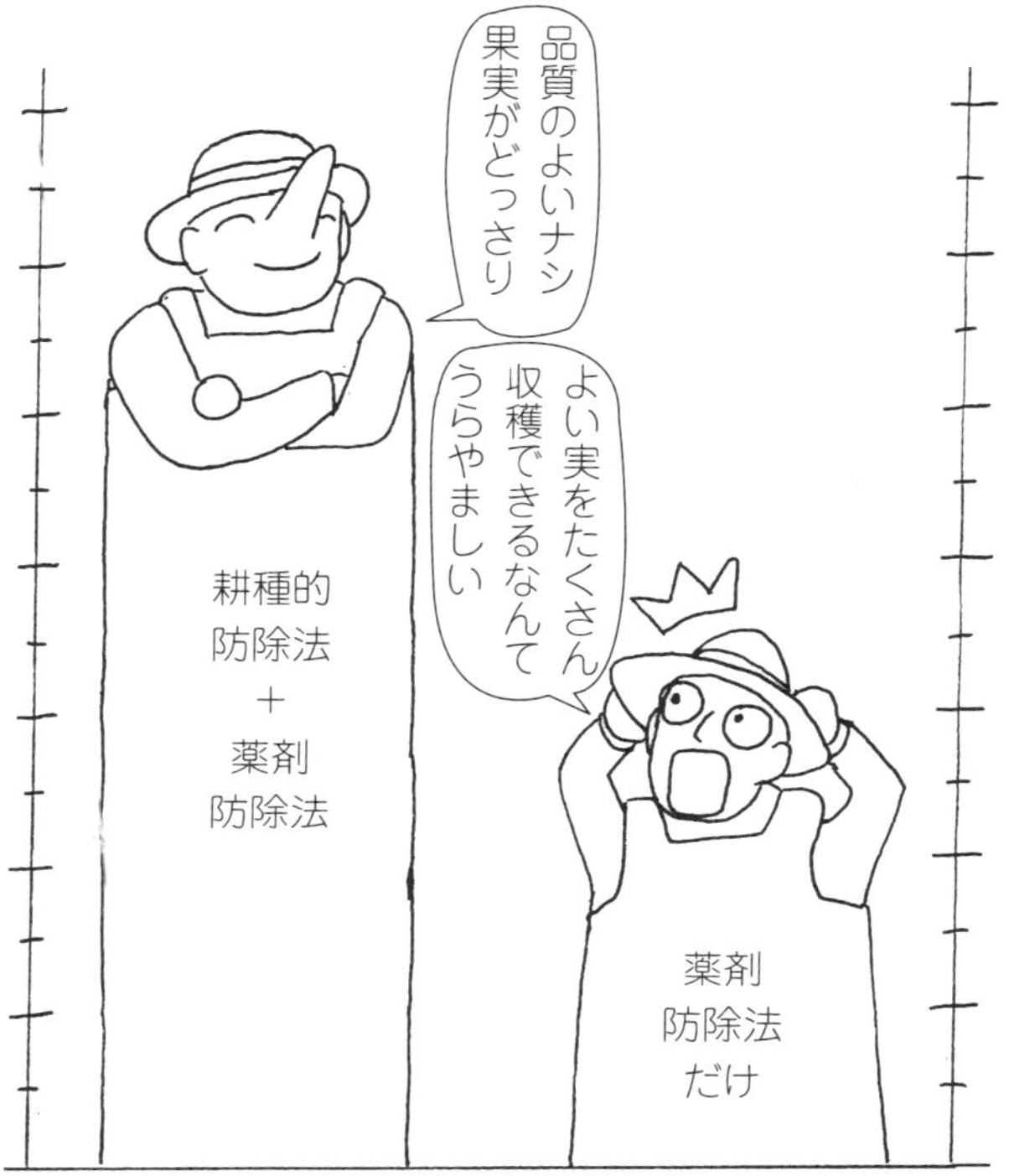

品質のよいナシ果実がどっさり
よい実をたくさん収穫できるなんてうらやましい
ナシの収穫量
耕種的防除法＋薬剤防除法
薬剤防除法だけ

図3-9　耕種的防除はとても重要

2　基本的な薬剤防除体系

●催芽期から開始する

休眠期～萌芽期における黒星病を対象とした薬剤防除の効果はあまり高くありません。ただし、現在未解明の点も多いのですが、被害が大きい炭疽病の防除はどうやらこの時期の薬剤散布が重要です。このような点も踏まえ、ここでは黒星病と炭疽病の両方に有効なデランフロアブルを散布しておきます。

●開花直前～満開終了一〇日後にDMI剤散布、その他は保護殺菌剤で

前述のとおり、この時期は黒星病の最重要防除時期です。また、赤星病の重要防除時期でもあります。そのために、開花直前と満開終了約一〇日後に

防除効果の高いＤＭＩ剤（スコア顆粒水和剤など）を散布し、耐性菌対策として予防剤（チオノックフロアブルなど有機硫黄系薬剤）を混用するか、できれば混用は避けて数日後に散布します。

さらに、黒星病の発生が心配されるような気象の年には、開花期間中にも予防剤（有機硫黄系薬剤のチオノックフロアブルかトレノックスフロアブル）を散布します。

その後の防除では、予防剤をできるだけ使用し、六月中旬から七月中旬までは輪紋病との同時防除も行ないます。

●肥大後期の幸水果実の黒星病防除

幸水果実は肥大後期になるとふたたび黒星病に罹りやすくなります。そのために、六月下旬にはストロビードライフロアブル（耐性菌対策としてオーソサイド水和剤80を混用）、七月上旬にはＤＭＩ剤（耐性菌対策としてベルクートフロアブルを混用）、さらに七月中旬にはナリアＷＤＧを散布します。

●芽鱗片発病を防ぐ秋季防除

翌年の芽鱗片発病を防ぐために、その感染時期である秋季に予防剤（オキシラン水和剤、オーソサイド水和剤80やデランフロアブルなど）を散布します。時期は十月中旬～十一月上旬ですが、近年の地球温暖化に伴って落葉時期が遅くなりつつあるため、防除時期も全体に少し遅らせる必要があるようです。

写真3–7　激発した赤星病

3　他病害との同時防除も考慮

●赤星病と

赤星病との同時防除を行なう必要があります（写真3–7）。同時防除が可能な効果の高い薬剤はＤＭＩ剤です。ＤＭＩ剤は赤星病に対しては高い治療効果があるので、開花直前と満開後約一〇日の二回の散布と、その後の黒星病防除のための予防剤の散布で同時防除します。

写真3−8　輪紋病の病斑

●輪紋病と

輪紋病も黒星病との同時防除が必要です（写真3−8）。六月中旬はフロンサイドSC、同下旬はストロビードライフロアブル（耐性菌対策としてオーソサイド水和剤80を混用）、七月上旬ベルクートフロアブル、同中旬ナリアWDGで防除します。

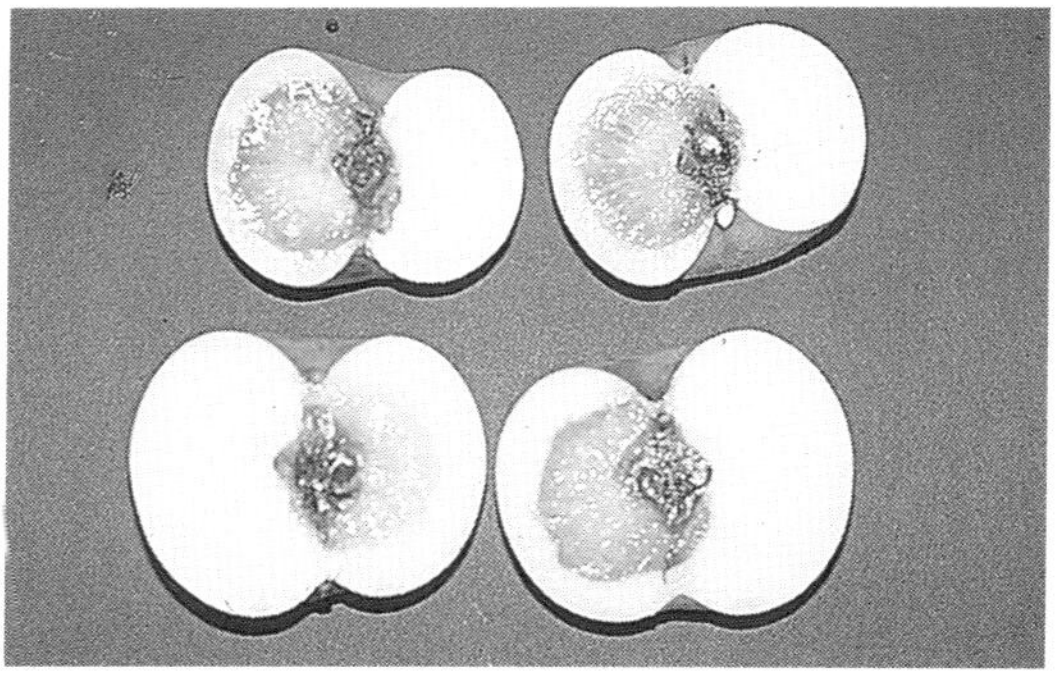

写真3−9　胴枯病による心腐れ症

●胴枯病と

胴枯病の被害は、心腐れ症です（写真3−9）。果心部への胴枯病菌の感染は、開花直後から比較的長期にわたります。この防除には、有機硫黄系薬剤（チオノックフロアブルなど）の効果が知られています。五月上旬のチオノックフロアブルの使用は心腐れ症との同時防除のためです。

写真3−10　萎縮病

●萎縮病と

萎縮病の学名は*Fomitiporia* sp.、病原菌名はチャアナタケモドキであることが明らかにされてから日が浅く、防除法については未検討という状況です（写真3−10）。しかし、この菌はキノコの仲間、すなわち担子菌類に属するので、赤星病に効果のある予防剤（チオノックフロアブルなどの有機硫黄系薬剤など）や治療効果のあるＤＭＩ剤、また担子菌類にも高い効果が期待されるストロビルリン系薬剤は今後期待がもてます。

4 黒星病を主とした防除暦

以上の耕種的防除を重視するとともに薬剤散布を加えた防除手法を月別に説明してみます（図３－10）。

図3–10　黒星病防除では防除暦は必須

●四月以前

黒星病の発生生態から、休眠期の薬剤散布はその重要性が低いと判断されるので、まだあまり重きを置く必要はありません。防除の重点は芽鱗片病斑から分生胞子の飛散が始まる直前であり、すでに数枚展葉している開花直前からとします。

●四月

芽鱗片病斑のある花（果）そうは開花直前頃から交配時期にその基部から切除します。また、発病葉を見つけたら取り除きます。

この月の薬剤防除はもっとも重要です。どのようなことがあっても確実に防除を実施することが、黒星病の発生を最少に押さえ込むポイントだと心得ておいて下さい。

四月はまた赤星病の防除時期でもあります。開花直前と満開終了一〇日後頃の二回の散布ではステロール脱メチル化阻害剤（ＤＭＩ剤、開花直前はマネージDF、満開終了一〇日後にはスコア顆粒水和剤を選択）を使用します。ただし、ＤＭＩ剤連用による耐性菌の発生を回避するため同一の薬剤の使用は避けるとともに、予防剤（有機硫黄系薬剤のチオノックフロアブルかトレノックスフロアブル、またはベルクートフロアブルなどを選択）と混用散布します。

散布回数が増えるのを嫌わないのなら、主剤であるＤＭＩ剤散布の数日後に予防剤を散布すると効果はより安定します。

交配直後の防除では、予防剤を散布します。なお、防除に不安がある場合や開花期が天候不順のために長引くような年は、黒星病の大発生が心配されるので、開花期間中といえども予防剤をさらに追加散布することが好ましいです。

●五月

芽鱗片病斑のある果そうは基部から切除します。また、幼果や葉に発病を見つけたら、取り除きます。

幸水果実の黒星病に対する感受性は、五月中旬～六月中旬までは低い状態が維持されるので、この時期の防除の重要性はやや低いと判断されます。しかし、上旬は心腐れ症の重要防除時期でもあるので、気を抜くことはできません。四月下旬に散布したＤＭＩ剤の残効期間を考慮しつつ、五月上旬に有機硫黄系薬剤（チオノックフロアブルなど）、中旬にアリエッティ水和剤（疫病との同時防除）、下旬にベルクートフロアブルを散布します。

●六月

発病葉を見つけたら下旬までは取り除きますが、それ以降は果実肥大のためにそのまま放置します。

中旬からは幸水の果実が黒星病に対してふたたび感受性を高めるとともに、輪紋病の重要防除時期に入ります。上旬にベルクートフロアブル、中旬にフロンサイドSC（輪紋病との同時防除）、下旬にストロビードライフロアブル（輪紋病との同時防除、オーソサイド水和剤80を混用）を散布します。なお、ここで混用するのは耐性菌対策のためです。

●七月

この時期は幸水果実の黒星病に対する感受性が、肥大後期ではもっとも高くなるとともに、輪紋病の重要防除時期にもあたります。そこで、上旬にＤＭＩ剤（インダーフロアブルを選択し、耐性菌対策を兼ねて輪紋病との同時防除でベルクートフロアブルを混用）、中旬で梅雨が上がる直前にナリアＷＤＧ（輪紋病との同時防除）を散布します。

なお、中旬～下旬に台風が襲来する年もあります。この場合もっとも心配される病害は果実の輪紋病です。台風通過後はできるだけ速やかにトップジンM水和剤を散布します。

●十〜十一月

腋花芽が主ですが、その鱗片に黒星病菌が感染する最盛期です。翌年の第一次伝染源を防除する目的で「秋季防除」を行ないます。

秋季防除に使用する薬剤は必ず予防剤とします。ここではオーソサイド水和剤80を選択していますが、オキシラン水和剤やデランフロアブルでも十分目的に適います。秋季防除で治療効果がある薬剤を使用すると、耐性菌の発生を助長する心配があります。

秋季防除では散布した予防剤の残効期間を最短約一〇

〈ナシの〝中気〟、萎縮病について〉

病名は早く付いたのに、長い間病原菌が不明だった病気に萎縮病があります。著者が大学を卒業して千葉県農業試験場で働き始めた昭和四十八年頃にはすでに発生していました。

当時の主要品種は長十郎でしたが、五月頃に現地のナシ園に行くとしばしば展葉したばかりの葉が縮れ、まるでウイルス病のような症状を見かけました。病名と原因を同室の先輩に聞くと、病名はわからないが千葉県の現場では「中気（中風ともいう）」と呼んでいるとのことでした。中気とは、人の病気のある症状の総称で、半身不随の意味だそうです。その後、この症状に対して「萎縮病」という病名は付けられましたが、病原は依然不詳のままでした。

ナシの中気は全国的に問題となったため、農水省果樹試験場（現果樹研究所）が音頭を取り、接ぎ木伝染性病害の可能性が高いので、全国の試験場で接ぎ木試験を行ないましたが、接ぎ木伝染性の可能性は否定されました。その後もいろいろな試験を経て、最近になって萎縮病の病原が明らかにされました。萎縮病とする病名が与えられてから三四年、私が初めて現場でこの症状を観察してからは実に三八年後です（写真3－10）。

萎縮病菌はカビの一種で、キノコの仲間です。これまでスギの非赤枯性溝腐病の病原菌として知られていました。この菌は多犯性のために、ナシ以外にスギ、サワラ、コウヤマキ、サクラにも病気を起こします。それらに付けられていたキノコ名はチャアナタケモドキ、菌名は*Fomitiporia* sp.です。

この菌はキノコの仲間ですので、担子菌類に効果のある薬剤の効果が期待されますが、防除法については残念ながら今のところ不明です。したがって、自分のナシ園で萎縮病が発生していたら、他樹への伝染を防ぐためにもその樹は改植対象にしたほうがよいでしょう。

表3-13　ナシ黒星病を主防除対象とした標準的防除暦

時期	月/旬	主な対象病害	使用殺菌剤と濃度	備考
鱗片脱落期	4/上	炭疽病，黒星病	デランフロアブル（×1,000）	主防除対象は炭疽病
鱗片脱落終了～開花直前	4/中	黒星病，赤星病	マネージDF（×6,000），チオノックフロアブル（×500）	
交配終了後	4/中	黒星病，赤星病	チオノックフロアブル（×500）	交配期間が長引く場合は交配中に防除
満開終了10日後頃	4/下	黒星病, 赤星病, 心腐れ症	スコア顆粒水和剤（×4,000），チオノックフロアブル（×500）	
	5/上	黒星病, 赤星病, 心腐れ症	チオノックフロアブル（×500）	
	5/中	疫病	アリエッティ水和剤（×1,000）	黒星病との同時防除
	5/下	黒星病	ベルクートフロアブル（×1,500）	
	6/上	黒星病	ベルクートフロアブル（×1,500）	
	6/中	黒星病	フロンサイドSC（×2,000）	
	6/下	黒星病，輪紋病	ストロビードライフロアブル（×2,000），オーソサイド水和剤80（×1,000）	
	7/上	黒星病，輪紋病	インダーフロアブル（×8,000），ベルクートフロアブル（×1,500）	
	7/中	黒星病，輪紋病	ナリアWDG（×2,000）	
	7/中～下	輪紋病	トップジンM水和剤（×1,500）	台風襲来直後
	10/中	黒星病	オーソサイド水和剤80（×800）	
	10/下	黒星病	オーソサイド水和剤80（×800）	
	11/上	黒星病	オーソサイド水和剤80（×800）	

注　南関東の気象を基準としている

日とみて、十月中旬、同下旬、十一月上旬に散布します。しかし近年、地球温暖化で落葉時期が遅れる傾向にあります。そこで、三回目の散布時期は、五〇％落葉した頃を目安にするとよいです。

なお秋季防除では、薬剤の残効性を高めるためには固着性展着剤のアピオンEなどを使用します。この秋季防除は休眠期防除の代替ともいえます。

以上を一覧表にまとめたのが表3-13です。これにアブラムシ類、シンクイムシ類、ダニ類などの害虫の防除対策を加えれば、防除暦になります。

6 「ちばエコなし」の病害防除体系
——減殺菌剤防除の考え方と実際

1 ちばエコ農産物

千葉県には「ちばエコ農作物」認証制度があります（詳しくはhttp://www.pref.chiba.lg.jp/参照）。化学合成農薬（殺菌剤、殺虫剤、除草剤および成長調節剤）の使用成分数×使用回数の合計、および化学肥料のチッソ成分施用量を慣行の半分以下で栽培したものを認証する制度です。

ナシの場合、使用農薬×成分数の合計は二六回以下で、これには剪定時によく使用するトップジンMペースト、果実の肥大と熟期促進に使うジベレリンペーストなどの塗布剤も含まれます。ただし、展着剤は制限がありません。また、農薬でもマシン油乳剤や無機銅剤など天然物に由来するもの、微生物性の農薬は使っても使用成分数には加えられません。さらに、チッソ肥料の施用量は一〇アール当たり清耕栽培で一〇kg、草生栽培では一三kgとなっています（図3-11）。

こうした制約の中で防除をどう確実なものにしていくのか？「ちばエコなし」の防除体系を見ていきます。

2 「ちばエコなし」栽培のポイント

●許容水準以下に被害を保つ防除を

減農薬栽培を目指したら、IPM（総合的病害虫管理、Integrated Pest Management）の考えに基づいて病害虫は完全防除ではなく、許容水準以下の被害に抑えるという考え方で、可能な限り農薬の使用回数を減らすことです。

著者の限られた経験によれば、害虫ではシンクイムシ類の防除を除けば、ほかはその発生または被害を見てから対応しても間に合います。しかし病気に関しては赤星病を除いて予防的に防除する必要があり、病害が発生してからではその防除はかなり難しくなります。病気の防除はよほど効果的に行なう必要があるということです。

そのためには、主要病害である黒星病や輪紋病などの発生生態に精通するとともに、それらの防除薬剤が、①治療効果的なのか予防効果的なのか、②残効期間はどれくらいか、③収穫日前、何日まで使用できるかの日数、④散布時期による薬害発生の有無、⑤殺虫剤との混用の可否、⑥果実の汚れの程度に関する知識とともに、さらに⑦薬剤によっては耐性菌の発生を回避する使用方法も理解しておく必要があります。

そして、このような少数回の農薬使用で防除を可能にするもっとも基本的なことは、毎朝のように圃場を巡回し、病害の発生動向を詳しく観察することです。

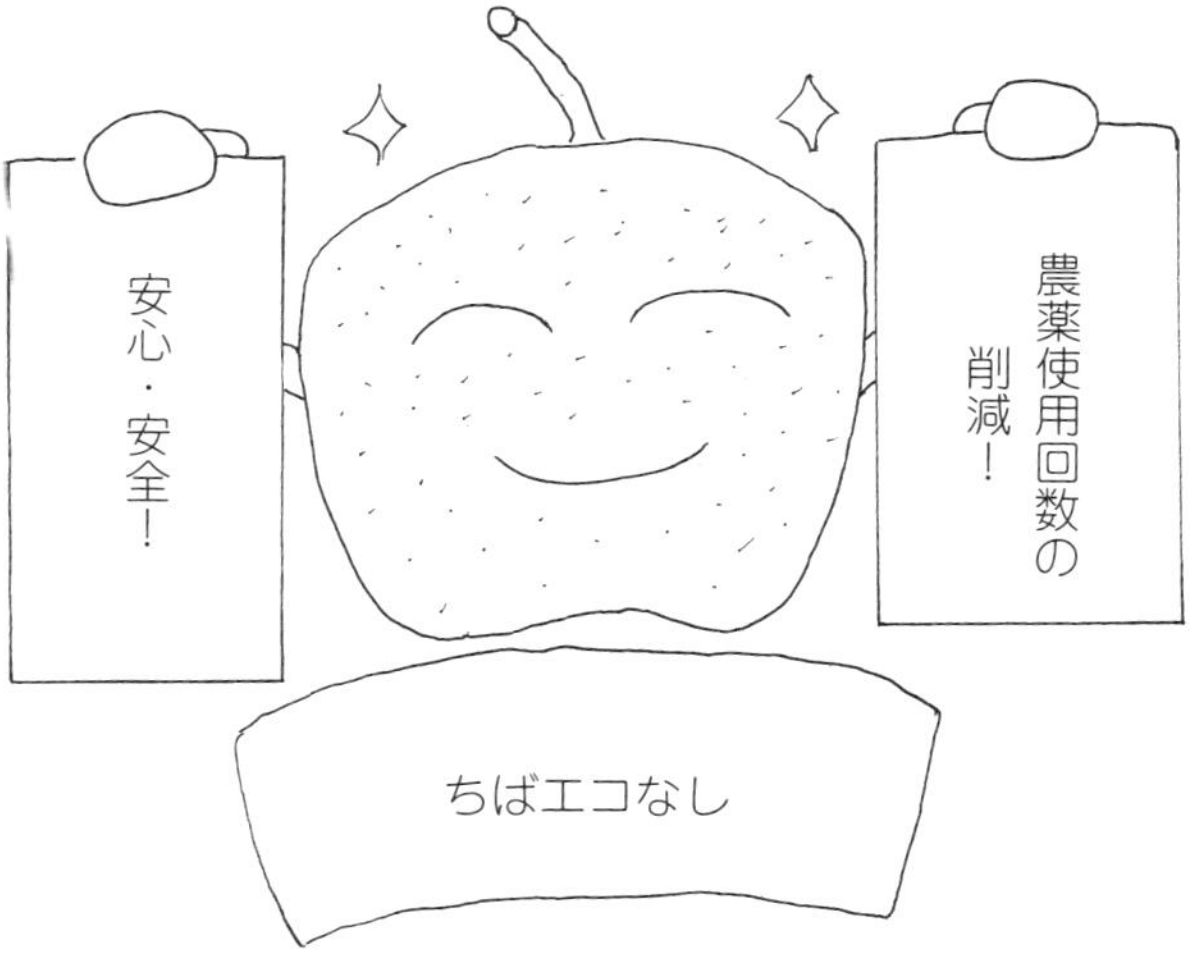

図3-11 「ちばエコなし」は農薬の使用回数が少なくより安心・安全そして美味

●殺菌剤散布タイミングの判断

殺菌剤の特性をある程度把握し、残効期間を推定できたとして、次に重要なのが、散布した殺菌剤の効果を最大限引き出す散布方法です。

その基本は図3-12に示したように、散布Aを行なったあと、残効のある期間中はいくら雨が降っても次の農薬散布は行ないません。散布するのは当該農薬の残効が切れてから次の雨の直前です。雨が降りそうもないときは散布の必要はありません。黒星病など病原

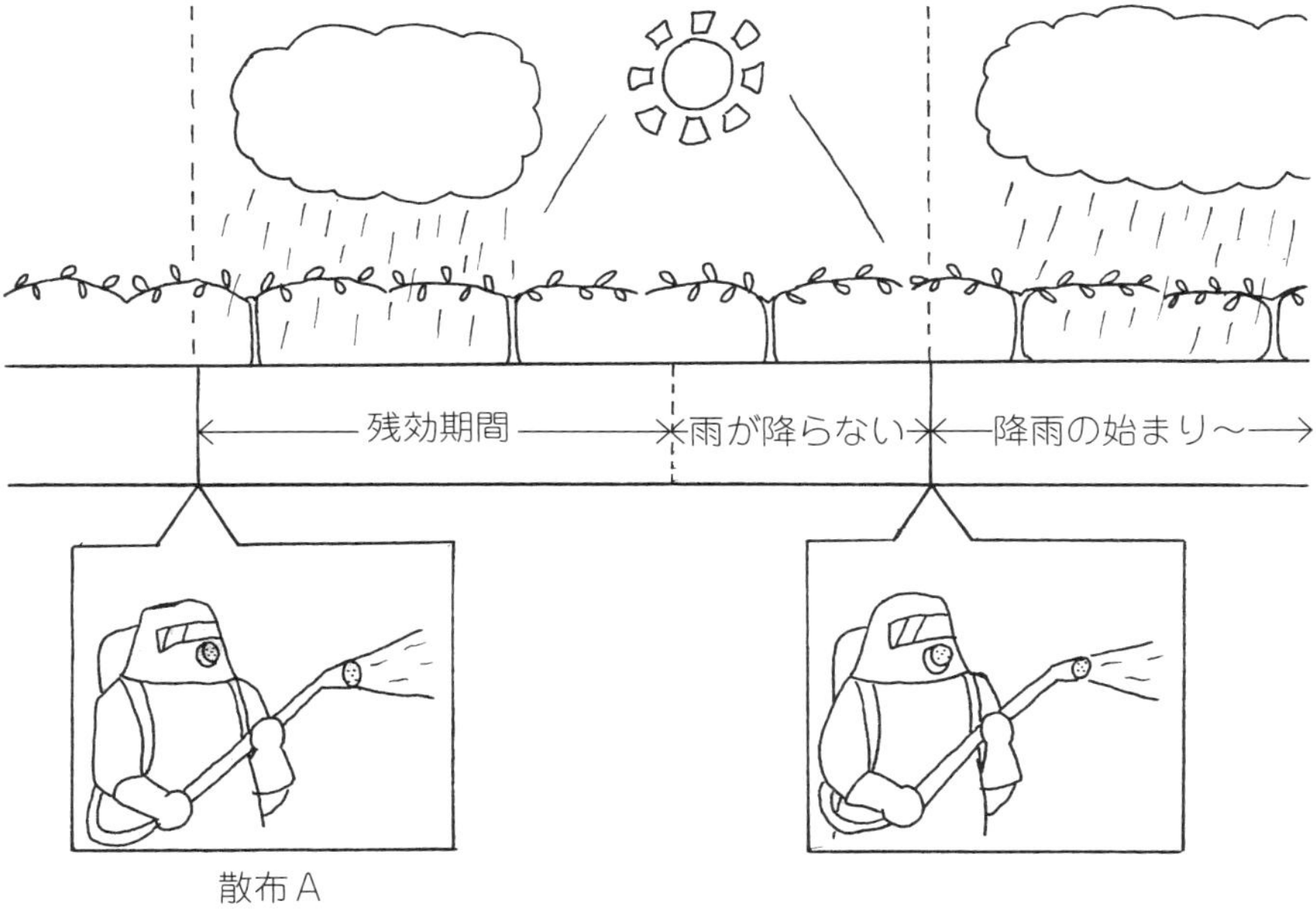

図3-12　薬剤散布適期の判断概念図

菌は雨に伴って伝染します。したがって雨が降らなければ広がらない。雨により広がる直前に、十分量の薬液を散布してやります（90ページ参照）。

なお、使用殺菌剤の種類および防除対象部位別の推定残効期間は、第Ⅲ章4（80ページ）で触れています。

また「ちばエコなし」栽培における黒星病防除の基本については、101ページ以下を参照下さい。なお、「ちばエコなし」の防除暦は表3-14のとおりです。

表3-14　ナシ黒星病を主防除対象とした「ちばエコなし」の防除暦

時期	月/旬	主な対象病害	使用殺菌剤と濃度	備考
鱗片脱落終了～開花直前	4/中	黒星病，赤星病	マネージDF（×6,000），チオノックフロアブル（×500）	
交配終了後	4/中	黒星病, 赤星病, 心腐れ症	チオノックフロアブル（×500）	交配期間が長引く場合は交配中に防除
満開終了10日後頃	4/下	黒星病, 赤星病, 心腐れ症	スコア顆粒水和剤（×4,000），チオノックフロアブル（×500）	
	5/中	疫病	アリエッティ水和剤（×1,000）	黒星病との同時防除
	5/下	黒星病	ベルクートフロアブル（×1,500）	
	6/上	黒星病	フロンサイドSC（×2,000）	
	6/下	黒星病，輪紋病	ストロビードライフロアブル（×2,000），オーソサイド水和剤80（×1,000）	
	7/上	黒星病，輪紋病	インダーフロアブル（×8,000），ベルクートフロアブル（×1,500）	
	7/中	黒星病，輪紋病	ナリアWDG（×2,000）	
	10/下	黒星病	オーソサイド水和剤80（×800）	
	11/上	黒星病	オーソサイド水和剤80（×800）	

注　南関東の気象を基準としている

◎巻末資料
「梨病害防除ナビゲーションシステム」と黒星病の発生予察

1 ナシ黒星病防除支援情報システム

アメダスの気象データから葉の濡れ時間や病原菌の繁殖状況を推定し、それに基づいてイネいもち病の発生程度を予測するコンピュータシステムがあります。ブラスタムといいますが、これと同じようなシステムを、千葉県がナシの黒星病について開発しています。著者も、葉の濡れ時間・温度と発病程度や散布した殺菌剤の残効性に関して、データベースを提供する形で開発に関与しています。

その仕組みは、ナシ園内に設置した簡単な気象観測装置（温度と湿度を測定する一種のセンサー、写真①）の結果から、マイクロソフトのエクセル上で稼働するパソコンソフトを使い、その後の黒星病の発病程度を予測するるのです。「梨病害防除ナビゲーション」と命名されています（図①）。

2 開発のねらい

黒星病の減農薬栽培を実現するため、これまで蓄えられてきたさまざまな防除技術を広く活用してもらいたい。この思いからシステ

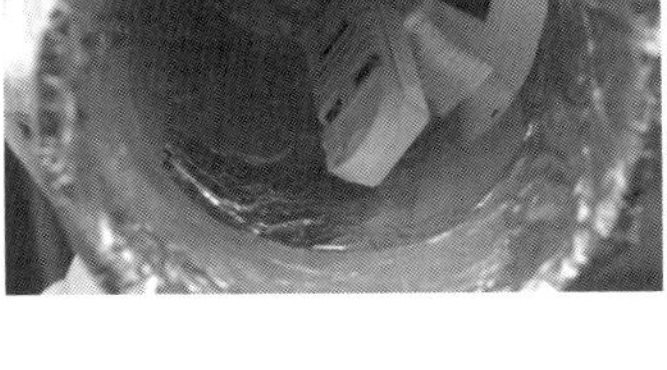

写真①　ナシ園内に設置されたセンサーと記録装置
気象センサーは中央の容器の中に（左写真）

ム開発はスタートしました。

減農薬防除あるいは効率的な防除を行なうには、黒星病の発生生態の理解はもちろん、気象条件やナシの葉や果実の黒星病に対する感受性、薬剤の効果・残効期間などを総合的に評価し、防除の要否を判断する必要があります。このためには専門的な知識だけでなく、長年の経験・勘といったものに頼らなければならないときもあります。しかしこうしたことができる生産者、また指導者も限られてきました。

そこで、これらの知識・技術を一般化し、パソコンというツールを通して、防除の要否や薬剤散布のタイミングなど最上の防除法を提供し、指導者は代わっても防除方法は変わらないようにしようとしたのが、本システムです。

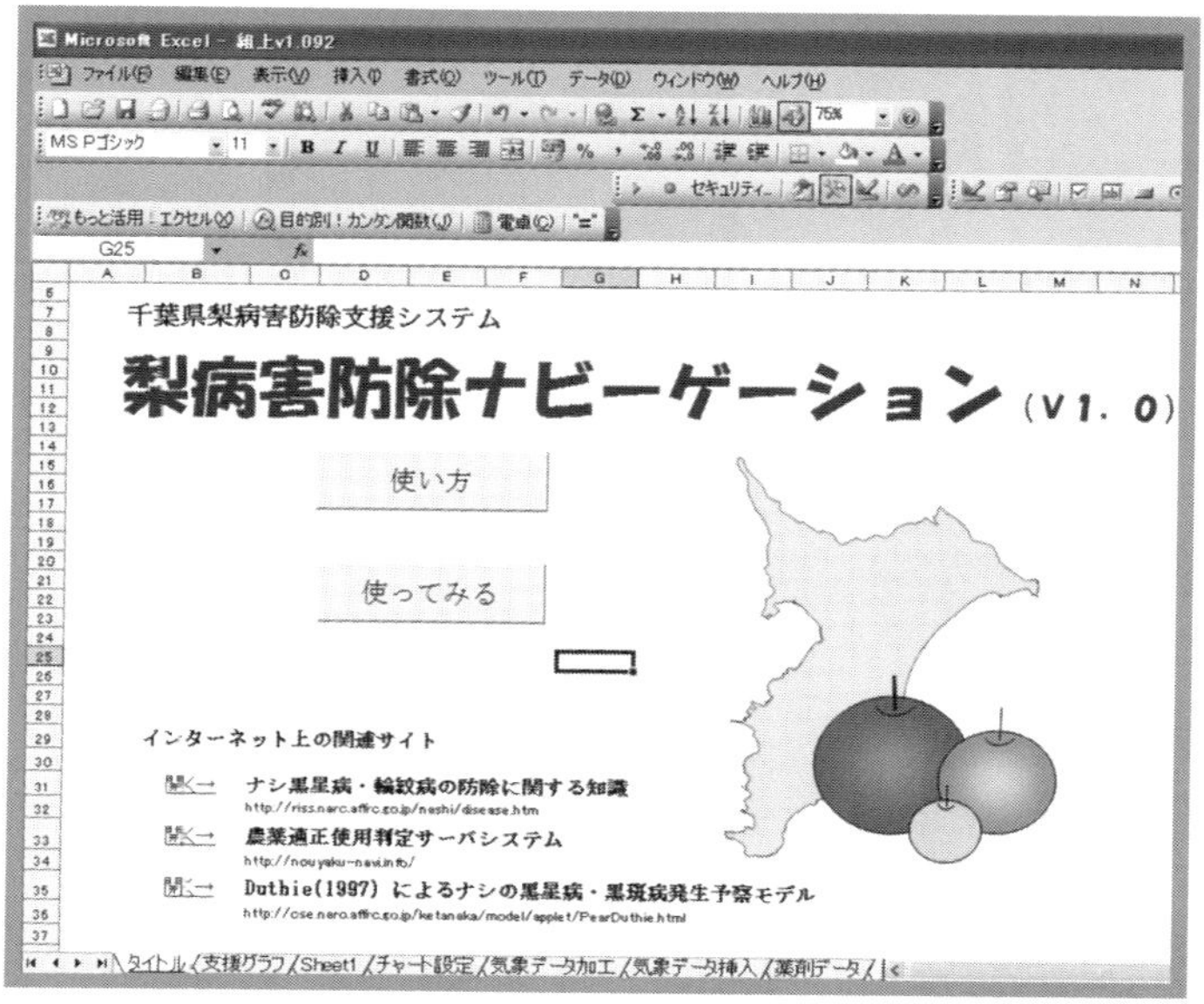

図① 「梨病害防除ナビゲーション」のスタート画面

3 発生予察と防除効果の検証もできる

このシステムの優れた点は、ブラスタムがイネいもち病の発生程度を予測するだけなのに対し、発病の予測を行なうとともに、散布した薬剤の推定残効期間に基づいて、感染の危険があったときに残効の有無を推定し、残効があったと判断された場合には発病が無事回避されたという結果を表示してくれることです。他にはない特徴といえます。

今後、ナシのほかの病害防除についてもこのような支援システムの活用は、防除を容易にするとともに、栽培

図②　梨病害防除ナビゲーションは防除技術の伝承にも役立っている

者の世代交代にも対応するうえで重要なものと考えています（図②）。

4 システムのソフト入手方法

この支援システムを活用するために必要な機器は、気象観測装置（気温と湿度センサー）、パソコン、そしてソフトです。現在のところ、このソフトを使用したい場合、千葉県農林水産部担い手支援課に簡単な申請書類を提出することで、無償で入手可能です。

参考文献

北島　博（一九八九）、果樹病害各論　黒星病、232-240、養賢堂

御園生　尹・深津量栄（一九七一）、ナシ黒星病の伝染と防除に関する研究　第Ⅲ報　芽鱗片上の病斑ならびに分生胞子の形成、千葉農試研報　11：96-102

高梨和雄・山本省二・北島　博（一九七〇）、ナシ黒星病の第一次伝染源について、園試報　A9：17-33

田代暢哉（二〇〇七）、だれにでもできる果樹の病害虫防除　ラクして減農薬、1-143、農文協

梅本清作（一九九三）、ニホンナシ黒星病の発生生態と防除に関する研究、千葉農試特報　22：1-99

梅本清作（二〇〇七）、「ちばエコ農産物」ナシ生産の技術開発を目指して、植物防疫　61：498-502

牛尾進吾・金子洋平・大谷　徹・菅原幸二・田中　慶・梅本清作（二〇〇八）、ナシ黒星病防除支援システム「梨病害防除ナビゲーション」の開発、関東病虫研報　55：55-60

あとがき

本書の計画が決まったのは、二〇一二年の梅雨頃でした。ナシの実がまだ赤ん坊のような頃から原稿を書き始め、終わったのは晩生のナシの収穫後になっていました。この間、書くことに苦労したというより、夏の暑さに少々へばったためです。昨年はことのほか暑い年でした。

そうした暑さに、ときにへばりながらもこの本の原稿を書くうえでとくに気を付けた点は、できるだけ平易に表現をしようということ、それと試験結果に基づいて可能な限り正確に黒星病に関わる現象を伝えたいということでした。さて、そのように書けたかどうか、ここまでお読みになった感想はいかがでしょうか。

まえがきでも触れましたが、本書を執筆中の二〇一二年は黒星病が全国的に大発生し、ナシ生産の主要県の病害虫防除所からは続々と発生注意報が出された年でした。著者は一九七三（昭和四十八）年から黒星病の研究を始めましたが、これほど黒星病が大発生するのは初めての経験でした。その昨年の対策には間に合いませんでしたが、今後このような大発生があったとしても、本書を読んで頂いていれば問題ない程度に黒星病を抑えこんでいただけるのではないかと、著者として淡い期待を抱いています。

著者が曲がりなりにも黒星病の研究者として世間に認めてもらえる最初のきっかけとなったのは、果樹病害の前任者として、当時千葉県農業試験場病害虫研究室におられた御園生　尹氏から薫陶を受けたおかげだと、今でも感謝しています。残念ながら、氏は原因不明の進行性病害のために私が着任した数年後に亡くなられましたが、よりしっかりと黒星病の研究を極めようと誓ったことを今でも思い出します。このほか長い研究者生活において職場の諸先輩をはじめ国の研究機関の先生方、いくつかの大学の先生方には随分お世話になりました。ここに感謝の意を申し上げます。

また、本書のイラストは次男の博之が担当してくれたものです。著者が伝えたいイメージを合わせるために近隣のナシ園にも一緒に出かけ、彼なりに苦労して描いてくれた。ここに記して、感謝の意を表する。

最後に、本書の出版にあたって農文協編集部には大変お世話になりました。深く感謝を申し上げます。

梅本　清作

著者略歴

梅本　清作（うめもと　せいさく）

1948 年，京都府生まれ。農学博士。岩手大学大学院農学研究科修了。1973 年より，千葉県農業試験場病害虫研究室勤務，同県病害虫専門技術員などを経て，2009 年まで，千葉県病害虫防除所。現在，千葉県生涯大学校教授

著書に『農薬・防除便覧』，『原色果樹病害虫百科第 2 版』（以上，農文協），『最新果樹園芸技術ハンドブック』（朝倉書店），『カラー版　植物病原アトラス』（ソフトサイエンス社），『作物病原菌研究技法の基礎』（日植防），『原色／モモ・スモモ・ナシ・セイヨウナシ病害の診断と防除』（化学工業日報社，いずれも共著）

おもしろ生態とかしこい防ぎ方

ナシ黒星病

2013年 6 月30日　第 1 刷発行

著 者　梅本　清作

発 行 所　一般社団法人　農 山 漁 村 文 化 協 会
郵便番号　107-8668　東京都港区赤坂7丁目6-1
電話　03(3585)1141(代表)　03(3585)1147(編集)
FAX　03(3585)3668　振替　00120-3-144478
URL　http://www.ruralnet.or.jp/

ISBN978-4-540-12146-3　DTP製作／(株)農文協プロダクション
〈検印廃止〉　印刷／(株)新協

製本／根本製本(株)
Printed in Japan　定価はカバーに表示

乱丁・落丁本はお取り替えいたします。

農文協の図書案内

新版 **ピシャッと効かせる農薬選び便利帳**
岩崎力夫著
1848円＋税

抵抗性・耐性の出現で錯綜する農薬を特性別に区分けし、病害虫の生態に合わせて組み合わせ、ムリ・ムダ・ムラなく効かせる減農薬防除法。注目の最新農薬を加え、農薬（約200種）・病害虫（約100種）別に解説。

仕組みを知って上手に防除 **病気・害虫の出方と農薬選び**
米山伸吾編著／安東和彦・都築司幸著
1667円＋税

予防から発生時防除へ。非選択的な農薬から選択的な農薬へ――防除手法、農薬の種類が大きく切り替わるなかで、的確に農薬を選び、使いこなすコツを導く。病原菌や害虫の加害の仕組みもわかりやすく図解する。

農家が教える **石灰で防ぐ　病気と害虫**
農文協編
1143円＋税

全国の農家の間で話題になっている、身近な資材である石灰を病害虫対策に生かす「石灰防除」の技を集大成。病原菌侵入時の細胞写真、カルシウムによる誘導抵抗性の研究など、最新研究成果もあわせて追求した。

天敵利用で農薬半減
――作物別防除の実際
根本久編著
2524円＋税

天敵資材や土着天敵を利用した害虫防除の基本と、露地・施設・樹園地18作物ごとに減農薬防除方法を具体的に解説。フェロモン利用や物理的防除法、作物ごとの農薬一覧表など、減農薬防除の実践的ガイド。

小祝政明の実践講座5 **有機栽培の病気と害虫**
――出さない工夫と防ぎ方
小祝政明著
1800円＋税

〝ミネラル優先・チッソ後追い〟の施肥で作物の〝中熟堆肥＋太陽熱養生処理〟で畑と土の防御力をアップ。さらに、堆肥菌液、納豆水など有用菌群の土壌施用や作物散布との合わせ技で防ぐ有機栽培の病気と害虫。